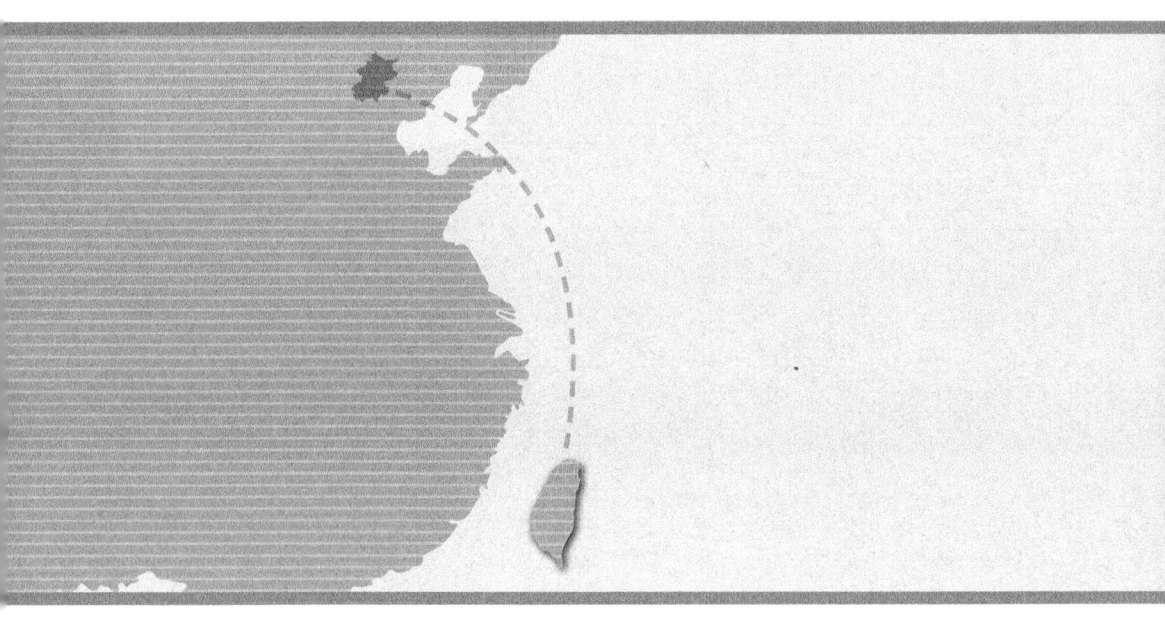

本著作为北京市社会科学基金项目研究成果
项目编号：14JDJGB044
项目名称：ECFA背景下京台金融合作模式研究

ECFA BEIJING XIA
JINGTAI JINRONG
HEZUO MOSHI YANJIU

ECFA背景下
京台金融合作模式研究

杨宜 等／著

立信会计出版社
LIXIN ACCOUNTING PUBLISHING HOUSE

图书在版编目(CIP)数据

ECFA背景下京台金融合作模式研究/杨宜等著.—上海:立信会计出版社,2019.2
ISBN 978-7-5429-6042-9

Ⅰ.①E… Ⅱ.①杨… Ⅲ.①海峡两岸－金融－经济合作－研究 Ⅳ.①F832.7

中国版本图书馆CIP数据核字(2019)第019668号

责任编辑　王斯龙
封面设计　南房间

ECFA背景下京台金融合作模式研究

出版发行	立信会计出版社
地　　址	上海市中山西路2230号　邮政编码　200235
电　　话	(021)64411389　　传　真　(021)64411325
网　　址	www.lixinph.com　　电子邮箱　lixinaph2019@126.com
网上书店	http://lixin.jd.com　　http://lxkjcbs.tmall.com
经　　销	各地新华书店
印　　刷	江苏凤凰数码印务有限公司
开　　本	710毫米×1000毫米　1/16
印　　张	10
字　　数	134千字
版　　次	2019年2月第1版
印　　次	2019年2月第1次
书　　号	ISBN 978-7-5429-6042-9/F
定　　价	46.00元

如有印订差错,请与本社联系调换

前　言

北京和台湾两地金融合作的基础源于海峡两岸经济合作的交流与深化。早在2005年,两岸共同发布了《海峡两岸和平发展共同愿景》,明确提出促进两岸经济全面交流,建立海峡两岸经济合作机制,并在2010年签署了《海峡两岸经济合作框架协议》(以下简称ECFA),旨在建立两岸经济合作机制,增进两岸人民的经济福祉。ECFA的签署,提升了贸易的自由和投资的便利,推进了经济交流的深化。以此为契机,两岸在投资、贸易各个领域的开放合作,都显示出旺盛态势。在经济合作的新形势下,两岸对金融合作的要求越来越高,市场需求也日趋扩大。京台金融合作正是京台经济合作日益扩大的需求,也是京台两地金融业发展的结果。金融服务业是北京与台湾两地都具有竞争力的优势产业。从要素禀赋上,京台金融服务业的产业结构具有极强的相似性,又兼具互补性。台湾地区金融业是具有国际竞争力的产业,拥有成熟的市场体系和鲜明的国际化特色。当今国际金融市场竞争日趋激烈,我国台湾地区金融业面临着新的市场挑战,如岛内市场有限、过度竞争等瓶颈制约,因此需要与祖国大陆金融市场紧密合作。北京的金融市场可以为台湾地区金融业提供难得的发展机遇和广阔的市场空间。京台金融合作,能够带动台资金融参与到京津冀的协同发展当中,发挥各自的优势,借助金融纽带,利用金融合作的新模式,加强利益融合,惠及国民经济各个产业领域,实现合作共赢;可以共同构筑金融服务平台,实现经济领域合作共赢和共同发展的社会经济目标。

目前,虽然两岸经贸谈判暂时停摆,但对经济领域影响有限,两岸经济往来仍在持续进行。与此同时,在京津冀协同发展的政策利好驱动下,出现大规模的台资北移现象。京台深化金融合作,增加金融支持力度,可以为京津冀的台资企业提供优质的金融服务与金融支持,顺应北京金融服务业对外扩大开放的新形势。尤其是针对台资中小企业,京台金融合作可以健全京津冀融资体系、构建中小企业融资平台,提供多元化和个性化的金融服务,拓宽企业的融资渠道;还可以健全京津冀金融服务体系,创新金融产品和服务,推动台资深度融入京津冀协同发展的进程,优化京津冀的金融生态。在惠及台资企业的同时,引入台资,将进一步提升京津冀地区金融市场的活力,最终促进京津冀社会经济的全面协调发展;惠及台湾地区经济的发展,促进两岸合作共荣。

在此背景下,本著作的研究内容主要关注三个方面:一是京台金融合作现状(包括银行、保险、证券);二是企业融资结构的优化选择;三是深化京台金融合作的路径与建议。鉴于目前台湾地区金融市场对大陆投资的开放度较低,因此,本著作立足于京台金融合作的现状,以及北京台资企业的融资现状,以 ECFA 背景下京台金融合作模式的优化与完善为主题,呈现了关于京台金融合作方面的最新研究与思考。全书由课题组成员共同撰写:全书的统筹与设计由杨宜完成。具体章节分工如下:第 1 章 绪论(徐枫),第 2 章 京台金融合作:理论基础与文献综述(崔佳宁、徐枫),第 3 章 京台金融合作的发展现状(徐枫),第 4 章 京台金融合作的问题分析(徐枫),第 5 章 京台金融合作新模式的选择——基于优化企业融资模式的视角(高成亮、谢博婕、徐枫),第 6 章 深化京台金融合作的路径与建议(张宇馨、徐枫),附录 1 北京台资企业调查问卷(杨宜、林妍梅、张宇馨、崔佳宁、谢博婕),附录 2 "北京台资企业调查问卷"的统计分析(徐枫)。

希望本著作的出版能进一步推进京台两地金融合作的持续深化,为北京台资企业提供优质的金融服务和多元化的投融资选择,改善北京台资企业的融资环境;能够为深化京台金融合作提供可行性的建议,促进两地金融业合作发展,促进京台两地社会经济增长;能够为京台金融合作方面有兴趣的读者提供参考。

书中不妥之处请批评指正!

编　者

北京联合大学

2019 年 2 月

目 录

第1章 绪论 ·· **001**

1.1 研究意义 / 001

1.1.1 两岸经济合作交流的需要 / 001

1.1.2 金融供给侧改革的需要 / 004

1.1.3 产业转移金融支持的需要 / 005

1.2 研究内容 / 007

1.3 研究重点与创新 / 008

1.4 研究思路与方法 / 009

第2章 京台金融合作:理论基础与文献综述 ····················· **011**

2.1 京台金融合作的理论基础 / 011

2.1.1 资源禀赋理论 / 011

2.1.2 金融地域运动理论 / 012

2.1.3 战略联盟理论 / 014

2.2 京台金融合作文献综述 / 015

2.2.1 简要述评 / 015

2.2.2 基于"金融一体化"的研究探讨 / 016

2.2.3 大陆各地与台湾地区的金融合作研究 / 017

2.2.4 两岸金融合作的优劣势分析——基于SWOT分析法 / 025

2.2.5　京津冀一体化——京台金融合作的新背景　/ 027

第3章　京台金融合作的发展现状·······································031

　　3.1　京台金融合作的驱动因素　/ 031
　　　　3.1.1　经济全球化与金融自由化的促进因素　/ 031
　　　　3.1.2　京台金融合作的政策利好因素　/ 032
　　　　3.1.3　一体化大市场发展潜力的推进因素　/ 033
　　3.2　京台金融合作的互惠效应　/ 034
　　　　3.2.1　京台金融合作的互惠性　/ 034
　　　　3.2.2　京台金融合作的必然性　/ 035
　　　　3.2.3　京台金融合作的互补性　/ 036
　　3.3　京台金融合作的发展现状　/ 037
　　　　3.3.1　京台银行业合作现状　/ 037
　　　　3.3.2　京台保险业合作现状　/ 042
　　　　3.3.3　京台证券业合作现状　/ 047
　　3.4　京台投融资合作的发展现状　/ 049
　　　　3.4.1　台资进入北京的发展机遇　/ 049
　　　　3.4.2　台资投资北京的发展现状　/ 055
　　　　3.4.3　北京台资企业的融资现状　/ 056
　　3.5　京台金融合作方式小结　/ 061

第4章　京台金融合作的问题分析·······································063

　　4.1　京台金融合作受双重金融监管的制约　/ 063
　　　　4.1.1　制度层面的显性制约因素　/ 063
　　　　4.1.2　政策层面的隐性制约因素　/ 066
　　4.2　京台金融合作受交流层面的限制　/ 067
　　4.3　京台金融合作受实践层面的多重制约　/ 069

4.3.1　合作机制有待进一步深化　/ 069

　　　4.3.2　合作范围有待进一步扩大　/ 069

　4.4　京台金融合作需要破解企业的融资难题　/ 073

第5章　京台金融合作新模式的选择——基于优化企业融资模式的视角　077

　5.1　基于间接融资的京台银行业合作　/ 077

　　　5.1.1　技术合作引领贸易融资创新方向　/ 077

　　　5.1.2　银团贷款业务合作降低京台两地中小银行贷款风险　/ 079

　　　5.1.3　股权合作助推台资银行入股北京地区银行　/ 080

　5.2　基于直接融资的京台证券业合作　/ 081

　5.3　基于产融结合的企业融资模式选择　/ 085

　　　5.3.1　产融结合理论与实证分析　/ 085

　　　5.3.2　产融结合视角下企业融资模式选择　/ 097

第6章　深化京台金融合作的路径与建议　101

　6.1　建立京台金融合作的制度框架　/ 101

　　　6.1.1　京台金融合作需要法律依据与制度保障　/ 101

　　　6.1.2　京台金融合作需要明确的合作指南　/ 103

　　　6.1.3　京台金融合作需要规划合作路径　/ 105

　6.2　丰富京台金融合作的机制与平台　/ 107

　　　6.2.1　建立常态化交流机制　/ 107

　　　6.2.2　建立双向的宣传机制　/ 108

　　　6.2.3　建立京台金融合作协调小组　/ 108

　6.3　扩展京台金融合作的广度与深度　/ 109

　　　6.3.1　寻求双方共赢的合作契合点　/ 109

　　　6.3.2　拓宽京台金融合作的领域　/ 112

6.4 探索京台金融合作的新机遇 / 114
  6.4.1 引导台资积极参与京津冀一体化 / 114
  6.4.2 引导台资金融积极融入"一带一路" / 115
6.5 完善京台金融合作的多重保障体系 / 119
  6.5.1 鼓励更多台资进入 / 119
  6.5.2 人才保障体系 / 119
  6.5.3 资金保障体系 / 121
  6.5.4 为两地青年合作提供保障体系 / 121
  6.5.5 加强监管协同 / 122

附录1 北京台资企业调查问卷 ········ 123

附录2 "北京台资企业调查问卷"的统计分析 ········ 129

附录3 互联网文档资源 ········ 137

参考文献 ········ 139

图目录

图3-1　台资银行入京的发展历程　　／039

图3-2　2013年台资在大陆投资的动机　　／050

图3-3　台资企业的类型(问卷图)　　／057

图3-4　台资企业自有资金构成(问卷图)　　／057

图3-5　台资企业在京期间自有资金构成变化(问卷图)　　／058

图3-6　台资企业进驻北京的时间(问卷图)　　／058

图3-7　所调查的台资企业规模(问卷图)　　／058

图3-8　台资企业2014年年底的资金来源构成情况(问卷图)
　　／059

图5-1　京台合作共建的证券柜台架构　　／084

表目录

表3-1 京台保险合作(旅游保险)具体事项　　/ 046

表3-2 北京市服务业扩大开放试点的主要领域及措施　　/ 054

表3-3 台资在京投资的行业概况　　/ 056

表3-4 北京台资企业对金融支持与融资问题的观点　　/ 060

表3-5 京台金融合作的主要方式　　/ 061

表4-1 ECFA框架内大陆对台金融业开放所作的承诺　　/ 068

表4-2 2014—2016年台资企业在沪深交易所上市情况　　/ 072

表5-1 贸易融资的主要业务种类　　/ 078

表5-2 企业财务情况表　　/ 095

表5-3 最佳产融结合度计算表　　/ 095

第1章 绪 论

1.1 研究意义

1.1.1 两岸经济合作交流的需要

北京和台湾地区金融合作的基础源于两岸之间经济合作的交流与深化。禀承"先易后难、求同化异、循序渐进、积极稳妥和先经济后政治"的原则,两岸开启了经济合作的探索与交流。早在2005年4月,国共两党领导人在历史性的会谈后共同发布了《两岸和平发展共同愿景》,明确提出:"促进海峡两岸经济全面交流,建立海峡两岸经济合作机制。"2008年,两岸关系实现历史性转折,两会协商得到恢复,两岸全面直接双向"三通"基本实现,经贸交流与合作更加密切,台湾方面提出希望签署《海峡两岸经济合作框架协议》。在此背景基础上,在2010年1月26日,《海峡两岸经济合作框架协议》(Economic Cooperation Framework Agreement, ECFA;台湾方面的繁体版本称之为《海峡两岸经济合作架构协议》)正式签署,同年8月17日,由台湾地区立法机构正式通过。ECFA的基本内容涵盖海峡两岸的主要经济活动,包括货物贸易和服务贸易的市场开放、原产地规则、早期收获计划、贸易救济、争端解决、投资、经济合作等。其实质上是两个经济体之间的自由贸易协定谈判的初步框架安排,同时又包含若干早期收获计划,其性质为两岸综合性经济合作协议。总体而言,ECFA 的签署取得了多项共识。不仅体现了海峡两岸经济的现状和特点,反映了海峡两岸经济发展的需要,而且有利于海峡两岸开展进一步的经济合作。ECFA 的签署有助于两岸共同应对国际金融危机和国际经济激烈竞争的挑战,有利于建立具有海峡两岸特色的经济合作机制,增进两岸人民的经济福祉。

当前,虽然两岸经贸谈判及官方往来暂时处于停摆状态,但两岸业务在执行面上受到的影响较小。台湾当局公开表示,愿意跟大陆有比较好的经济关系,并明确了经济合作的立场。台湾地区作为一个很小的经济体,需要在全世界有很好的多元经济关系,其中就包含了大陆,而从经济互惠原则来看,台湾地区不会以加入某个区域的自由贸易当成唯一目标。而 ECFA 的签订,从经济互惠层面来看,就属于降低双方贸易障碍的好措施。因此,台湾地区和大陆经济关系的密切化是必然趋势,也是不应抗拒的事实。自 2010 年以来,ECFA 的签署进一步提升了两岸的贸易自由化和投资便利化,推进了两岸经济关系制度化、经济合作自由化、经济交流的深入化,为加快推进和逐步完善两岸经济合作起到了积极的推动作用。基于此,两岸经济合作的溢出效应逐步凸显。在投资、贸易、旅游、航运等各个行业领域,两岸的开放合作都显示出旺盛的发展态势。当前,大陆市场已成为台湾地区第一大贸易对象、最大的出口市场、贸易顺差的来源地,以及台湾地区对外投资的第一大目的地。商务部台港澳司统计结果显示:2010 年 ECFA 签署时,两岸贸易额达 1 453.7 亿美元,同比上升 36.9%,2016 年增长至 1 796 亿美元。两岸的经济交往已经形成了相互促进、共同发展的良好局面。

随着两岸经济合作的不断深化、贸易领域的投资持续增长,在两岸经济交流、合作的新形势下,两岸对金融合作的要求越来越高,市场需求也日趋扩大。金融作为现代经济的核心产业,是中国"以开放促进改革"的重点领域,在两岸扩大开放的进程中,融合并渗透到两岸产业合作的各个领域。目前,两岸金融合作不断取得重大进展,金融合作的机制不断健全。两岸先后签署了金融合作协议和银行、证券、保险三个领域的监管合作谅解备忘录,以及货币清算合作备忘录,建立了金融监管合作机制、货币清算机制、高层互访与磋商机制。与此同时,两岸金融市场逐步扩大开放:在证券业方面,允许台资设立两岸合资的基金管理公司;在保险业方面,允许台资保险公司在大陆设立保险公司;部分台资金融企业在大陆设立了金融租赁分公司;台资银行在大陆开始设立代表处,并逐步升级分行、子行。两岸金融服务的开放合作进一步促进了经贸关系的稳定运行以及经济效率的稳步提升。

基于此,京台金融合作具有顺应两岸经济发展的重要意义。北京是中国金融服务业最发达的城市之一,是中国金融改革的先行试验区域,也是台资金融企业率先"登陆"布局的城市之一。北京市金融工作局、北京市发改委联合印发的《北京市"十三五"时期金融业发展规划》(以下简称《规划》),以将北京建成具有国际影响力的金融中心城市为目标,实施时间为2016—2020年。从长远来看,京台金融合作的深化,势必将有力推动两地经济文化交流、学习与提升,最终实现京台两地社会经济发展的互利共赢。北京与台湾两地都是优质金融资源的聚集地。金融服务业是北京与台湾两地最具竞争力的优势产业,从要素禀赋结构上看,京台两地在社会经济的发展总量、现代服务业的产业地位、金融服务业的产业结构等各个方面,具有极强的相似性,同时又兼具互补性。京台两地都是以现代服务业为主导,并且各自的金融服务业增加值在经济总量中占据着重要的地位。相似的社会经济发展阶段,为京台两地金融合作提供了良好的环境氛围。因此,京台金融合作的经济基础较为平等、互利。不但交易成本小、收益大,而且鉴于金融的特殊作用,其产业合作所涉及的领域将遍布整个社会经济。在金融创新以及信息技术的推动下,京台金融合作能够发挥各自的优势,借助金融纽带,利用金融合作的新模式,加强利益融合,不断地推动京台两地的产业向全球价值链的高端延伸,惠及国民经济的各个产业,实现合作共赢。

1.1.2　金融供给侧改革的需要

北京是全国的政治中心,是经济、金融和文化中心,也是科技创新中心。金融服务业是北京市服务业扩大开放综合试点先行先试的重点产业领域。长期以来,北京金融业走在全国金融市场改革开放的前列,经济、金融和社会发展日新月异。目前,北京的金融改革和金融市场扩大对外开放,都面临新的形势,"高精尖"经济结构正在加速构建,北京大城市的运行保障能力将持续提高,围绕优化城市内部功能,经济发展、金融生态、产业运行都将提升到新的水平。这些重大工作的推进需要金融服务综合功能的提升与增强。北京金融供给侧结构性改革正在加速推进。北京对金融市场的改革在持续深入的同时,积极开展了多元的金融改革实验,如取消贷款利率下限、扩大利率浮动区间等。在重大的金融市场发展机遇期,北京市将提供巨大的市场空间,特别是惠及中小金融、民间金融、外资金融的空间进一步加大。在构建"高精尖"经济结构过程中,如何与有着多年国际化市场经验和积累的台湾地区金融业深化开展金融合作,是京台两地金融部门正在积极探索的主题。

台湾地区金融业具有多年国际化的市场经验和积累,是金融自由化程度较高,并且具有一定国际竞争力的产业。在国际金融体系的建设等方面,台湾地区金融业形成了成熟的市场体系,具有鲜明的国际化特色。当今世界经济复苏缓慢,国际经济形势错综复杂,台湾地区金融业的继续发展也面临着新的市场挑战,更需要与祖国大陆紧密合作。台湾地区金融业面临市场有限、过度竞争等制约,北京的市场将为台湾地区金融业提供难得的发展机遇和广阔的市场空间。当今,在京津冀一体化的战略下,京台金融合作,可以带动台湾地区金融业融合到京津冀的发展当中。借京台合作的契机,北京与台湾地区共同构筑金融服务平台,对达到合作共赢、共同发展的目标具有划时代的意义。通过加强京台金融服务的合作,将充分利用台湾地区金融国际化的优势,将离岸人民币市场和在岸人民币市场融合,借助海内外多种融资工具,打通国际金融市场的通道,为京津冀一体化的发展大局提供巨大的金融资本支持。尤其是引入台资的长期资本,对于支持京津冀基础设施项目的建设,惠及京津冀社会经济的长远发展意义深远。

1.1.3 产业转移金融支持的需要

台资北移是近年来出现的重要经济现象。目前,珠三角与长三角地区资源压力加大,市场竞争加剧。同时期,京津冀一体化布局加速,并持续推出多重政策利好因素,在此大背景下,部分台资企业顺应区域比较优势的变化主动北移,投资重心持续向京津冀地区梯度式转移,加速向京津冀聚集,产业规模、资本数量都日益增长。台资北移有助于京津冀地区经济发展和产业结构升级,是促进京台产业合作共赢的有效途径。任何产业转移都是资金流投资方向的运动。而对产业转移的承接离不开金融支持。在以投资为主体的经济活动中,无论是产业转移以及承接产业转移,都需要金融的支持。金融的支持力量使大规模的产业转移成为可能。而资金的注入也为北移的产业提供生产运营的动力、技术创新的活力,并成为台资产业可持续发展的坚实保障。因此,要保障持续地、大规模地承接台资北移,必须进一步加大金融支持的力度。与此同时,有效的金融支持对承接台资产业转移具有筛选功能,发挥承接产业转移的选择性功能,能够积极承接台资的优质产业北移。对符合京津冀产业结构升级的战略性新兴产业、先进制造业、现代服务业、高新技术产业,可以增加金融支持的力度,实现优质产业优先承接。对传统的高耗能、低附加价值的产业,实施差别化的金融政策,减少金融支持。

在台资产业转移的同时,服务于台资企业的台资金融也在随之大量北移,为京津冀的台资企业提供金融服务与金融支持。北京具有地缘、经济、社会、文化等方面的内在优势,北京是京津冀区域金融服务业最发达的地区,也是京津冀区域金融创新最具活力的区域。在京津冀整体经济发展格局中,北京现代金融业具有重要和突出的战略地位。因此,京台金融合作将对台资北移发挥重要的金融支持作用。在台资企业北移的同时,台资金融机构在京津冀市场的参与度迫切需要提升。京台金融合作,顺应了北京金融服务业对外扩大开放的趋势,也顺应了台资企业与台资金融北移的趋势。针对台资中小企业众多的特征,京台金融合作也有助于完善京津冀融资体系、构建区域内的中小企业融资平台,为诸多中小企业提供多元化和个性化的金融服务,拓宽其融资渠道。因此,京台金融合作有助于健全京津冀金融服务体系,创新区域内的金融产品和服务,改进并不断优化京津冀区域内的金融生态,推动北移的台资深度融入京津冀一体化的发展进程。总之,从长远来看,京台金融合作不但可以惠及北移的台资企业,使之发展壮大,还将加大京津冀地区金融市场的活力,最终促进京津冀社会经济的全面协调发展。

综上所述,京台金融合作的研究,其理论意义体现在,根据京台金融合作的现状,重点研究如何完善与优化京台金融合作方式,并提出具体的合作路径与政策建议。本研究一方面,将丰富国内关于该问题的研究;另一方面,为政府决策提供理论依据,为台资金融深度参与京津冀一体化市场提供理论支持。京台金融合作研究的实践意义体现在,研究京台两地金融合作,将有利于为北京台资企业提供优质的金融服务和多元化的投融资选择,改善企业的融资环境,为深化京台金融合作提供现实的指导建议,实现两地金融协同发展,促进京台两地社会经济增长。

1.2 研究内容

京台金融合作的研究内容主要包括以下三个方面：一是京台金融机构之间的合作现状；二是企业融资结构的优化选择；三是深化京台金融合作的路径与建议。鉴于目前台湾地区金融市场对大陆投资的开放度较低，因此，本研究将立足于京台金融合作的现状，以及北京台资企业的融资现状，以 ECFA 背景下京台金融合作模式的优化与完善为主题，进行以下具体内容的研究：

"第 1 章 绪论"阐明了研究意义、研究内容、研究重点与创新、研究思路与方法。本章的重点内容为从三个不同方面分析了京台金融合作的研究意义：京台金融合作是两岸经济合作交流的需要，也是金融供给侧改革的需要，更是产业转移金融支持的现实需要。对京台金融合作研究意义作着重分析，旨在为后续的研究明确研究的方向与价值。

"第 2 章 京台金融合作：理论基础与文献综述"包括两方面内容：一是阐述了京台金融合作的相关理论，分别从资源禀赋差异理论、金融地域运动理论、战略联盟理论三个层面进行分析；二是对京台金融合作的文献综述，分别从不同方面进行文献综述，具体包括基于"金融一体化"的研究探讨、大陆各地与台湾地区的金融合作研究、两岸金融合作的优劣势分析——基于 SWOT 分析法、京津冀一体化——京台金融合作的新背景。

"第 3 章 京台金融合作的发展现状"分别从京台金融合作的驱动因素、京台金融合作的互惠效应、京台金融合作的发展现状和京台投融资合作的发展现状进行分析，并对京台金融合作模式作了总结。

"第 4 章 京台金融合作的问题分析"指出了京台金融合作存在的主要问题有：一是受双重金融监管的制约；二是受交流层面的限制；三是受实践层面的多重制约。除此之外，京台金融合作对企业的金融支持有限,需要破解企业的融资难题。

"第5章 京台金融合作新模式的选择——基于优化企业融资模式的视角"包括以下三个方面:一是基于间接融资的京台银行业合作;二是基于直接融资的京台证券业合作;三是基于产融结合的企业融资模式选择。

"第6章 深化京台金融合作的路径与建议"针对前述分析,提出具体的建议:建立京台金融合作的制度框架;丰富京台金融合作的机制与平台;扩展京台金融合作的广度与深度;探索京台金融合作的新机遇;完善京台金融合作的多重保障体系。

本书最后还提供了"北京台资企业调查问卷"及其统计分析。

本研究的基本观点:

(1)目前京台金融合作仍处于初级阶段。

(2)现有金融合作与企业金融需求匹配度较低,对企业的支持有限。

(3)京台金融合作应重点关注台资中小企业的生存与发展。

(4)京台金融合作模式的优化需要相关政策制度的保障。

1.3 研究重点与创新

研究的重点将集中在以下三个方面:一是采用实证分析方法,对产融结合度进行实证研究;二是京台金融合作模式的优化与完善;三是深化京台金融合作的路径与建议。

研究的创新体现在以下两个方面:一是视角创新。从产融结合度的视角,综合考虑企业在不同的发展阶段对金融需求的差异性,为其提供不同的产融结合模式选择,转变台资企业单一的融资思维,拓展融资结构的选择性。二是研究方法创新。现有文献多从定性角度分析台湾地区与大陆不同地区的金融合作现状,本研究则拟运用定性分析、实证分析等多种分析方法进行综合研究,使研究结论更具理论价值和实践的可参考性。

1.4 研究思路与方法

本研究遵循"文献研究、理论分析——问卷设计、数据调研——实证分析、定性研究——研究结论、政策建议"的思路:①文献研究阶段将定向搜集整理重点学术期刊的文献,进行深入研究,为后续研究奠定坚实的理论基础;②对台资企业进行问卷调研,得到科学合理的数据结果,为深入研究提供数据支持;③基于文献研究,结合行业调研,进行实证分析;④基于上述分析,进行定性研究;⑤提出京台金融合作模式的优化与完善,并从投融资政策、金融监管等不同层面提出政策建议。

本研究将运用以下研究方法。

1) 文献研究法

通过研读现有文献,确定研究方案构建理论分析框架。文献研究基于五个基本环节展开,分别是:提出京台金融合作的主题、设计京台金融合作的理论框架、搜集现有关于两岸金融合作的文献、整理相关资料、进行综述。运用文献研究法重点搜集两岸金融合作的研究,并从中选取京台金融合作的研究信息,为后续研究奠定坚实的前期基础。

2) 调查分析法

本研究将针对京台金融合作发展现状,采用问卷方式对研究内容进行调查分析;运用统一设计的问卷定向发放、回收、统计处理,并进行分析;了解并征询台资企业对京台金融合作的相关建议,为后续研究奠定数据基础。

3) 实证分析法

鉴于台资企业的真实现状(以中小企业为主流、融资结构单一、多以自有资金运营),本研究选取代表性的中小企业,进行量化与实证分析;

采用柯布-道格拉斯生产函数统计分析法,基于产融结合度视角,分析成长型中小企业产融结合的特征、发展趋势,测算产融结合的绩效,为北京的台资企业选择最优产融结合模式提供理论依据。

4）定性分析法

基于上述分析,鉴于京台金融合作仍处在探索阶段,本研究将提出深化合作的路径与建议,包括建立京台金融合作的制度框架、丰富京台金融合作的机制与平台、扩展京台金融合作的广度与深度、完善京台金融合作的多重保障体系等。

第2章 京台金融合作：理论基础与文献综述

2.1 京台金融合作的理论基础

2.1.1 资源禀赋理论

资源禀赋理论，产生于20世纪早期。1933年，瑞典学者戈特哈德·贝蒂·俄林在其《区域贸易和国际贸易》一书中系统地提出了自己的贸易学说，标志着要素禀赋理论的诞生。其理论的核心是用来说明各国生产参与国际贸易交换的商品具有比较成本优势的原因。因此资源禀赋又称为要素禀赋，是指一国拥有的各种生产要素，包括劳动力、资本、土地、技术、管理等方面。由于理论的起源深受瑞典著名经济学家赫克歇尔的启发，因此要素禀赋理论也被称为赫-俄模式。该模式是现代国际贸易理论的新开端，与李嘉图的比较成本理论模式并列为国际贸易理论的两大基本模式。资源禀赋理论也被称为新古典贸易理论，其理论模型即H-O模型。根据该理论的内涵，国际贸易取决于各国生产要素的禀赋。一国应集中生产并出口其具有"比较优势"的产品，进口其具有"比较劣势"的产品。该理论在更普遍的基础上解释了贸易产生的基础和贸易利得,大大发展了绝对优势贸易理论。实际上,从理论分析的角度考察,资源禀赋理论具有普遍适用性;从广义层面分析,其研究的经济现象涵盖了相对禀赋差异,即只要贸易双方之间存在相互间的比较优势,国际间的自由贸易就可以使贸易双方都获得贸易利益。

基于资源禀赋理论的普遍指导意义,京台金融业之间,资源禀赋差异性较大,即生产要素的异质性较强。从复合型的金融人才、金融技术创新、金融市场管理水平等方面的要素比较,京台都存在较大差异。在金融发展层面,台湾地区金融市场化程度较高,其在激烈竞争的国际化金融市场中,具有较为成熟的市场竞争经验。北京金融业的特点在于金融资源丰富,金融市场体量巨大,发展迅速,但对外开放程度以及国际化水平落后于台湾地区。台湾地区金融业完成了利率市场化的改革,金融国际化程度较高,金融创新灵活,金融监管较为严密。台湾地区金融业的经营模式较为灵活,允许金融机构混业经营,尤其是金融服务对中小企业的支持能力较强。

中小企业的融资问题,是长期困扰国际社会的金融难题。包括北京在内的大陆地区,对此领域仍在不断探索中。因此,北京与台湾地区的金融合作,可以汲取其先进的管理经验,创新金融管理模式。而台湾地区金融业可以扩大在北京的金融市场布局,扩大其金融服务的市场范围,拓展金融产品的发展空间,同时为众多"登陆"京津冀的台资企业提供优质的金融服务。总之,在区域金融资源禀赋差异的背景下,京台金融合作可以实现互惠共赢的发展态势。

2.1.2　金融地域运动理论

金融地域运动理论源自经济地域运动理论。经济地域运动是经济地域系统的成分、结构、功能规模、等级性质在不可逆的时间序列中有机的空间演变过程。其内容包括物质要素和非物质要素的流动组合,也包括经济地域整体运动及其分化与组合。[1]

经济利益是经济地域运动的驱动力。地域间的自然、经济、社会条件的差异以及由此导致的地域分工,是产生经济地域运动的直接原因,而区域引力与斥力(即极化与扩散)是产生经济地域运动的具体原因。经济地域并非独立存在,而是在与其他经济地域相互联系与互为作用的过程中向前发展的。因此,经济地域的开放性属性是其重要的特征。基于此,借鉴经济地域运动理论模式,金融地域运动是指金融资源遵循特殊规律进行的地域流动、配置、组合的时空变化过程,其实质是金融效率的空间调整和提高。[2]

由于金融的基本"资源"属性具有"地域性"和"运动性"。因此,地域运动是金融的内在属性之一。金融地域运动的内涵表明,金融地域运动的生成机理是不同区域金融资源禀赋的差异性。为追求金融整体效用的最大化,各金融要素流以不同的方式参与地域运动。引导金融地域运动的决定性动因是提升金融效率,即实现帕累托最优。在开放性经济条件下,通过金融要素的流动,使不同地域金融资源表现出强烈的地域传递、地域扩散的结果。通过技术外溢效应,先进地域的金融产品创新模式和金融服务设计模式不断被落后地域学习和模仿,从而推进金融要素聚集区域的金融产业不断地向高级梯次演进。其中,不同金融主体的市场选择与区域布局,成为金融地域运动的主要承载体,也是金融地域运动的重要表现形式。在此过程中,由于中心城市具有各自的功能,而其金融业的地域差异性导致了不同中心城市的金融职能分工不同。因此,中心城市成为金融地域运动的空间载体,决定了金融运动的方向和强度。

金融业是北京现代服务业的支柱性产业,也是现代服务业增长最快的产业。北京也是国内金融市场的增长极城市。作为首都,北京率先成为国内金融服务业的开放试点城市,进一步扩大了金融市场的开放度,吸引着包括台资金融在内的外资金融要素不断地向北京扩散、集聚。京台金融合作是北京金融业扩大开放、不断吸引外部优质金融资源的必然发展结果。

2.1.3 战略联盟理论

战略联盟理论是现代企业管理的重要理论之一。该理论兴起于20世纪80年代。战略联盟在现代的产业发展中普遍存在,是企业赖以生存与发展的重要战略性途径。其理论的核心思想是,企业从外部获得资源,进行资源整合,获得持续的竞争优势。这种合作不同于一般意义上的企业合作,而是基于企业共同的发展目标和相似的发展战略进行的有合作协议的联盟。合作的双方或多方企业,各自独立,其经营权不受合作者的控制。战略联盟可以是全方位的,也可以是具体的业务领域。合作方本身可能既有竞争,又有合作。从本质上追溯,战略联盟(Strategic Alliance)的概念,最早是由美国企业家 J.Hopland 和管理学家 R.Nagel 提出的,目前在理论界没有形成统一的概念。目前,理论界中较具代表性的观点如下:有的学者认为战略联盟是指联盟主体基于成本、效率以及竞争优势等因素而建立的一种优势互补、风险共担、要素双向或多向流动的松散型关系网络组织。也有的学者认为战略联盟是指两个或两个以上的伙伴企业为实现资源共享、优势互补等战略目标而进行的以承诺和信任为特征的合作活动,包括产供销等多个生产环节。还有的学者认为企业通过与其他企业组成战略联盟,可以获取具有互补性资产和资源,依据从联盟获得的独特资源,企业可以开发出新的技能。基于此,陈耀等人(2014)在总结国内外学者的基础上,将战略联盟理论归纳为四大类:一是基于交易费用的联盟理论。其主要观点认为,联盟可以抵销外部市场环境的不确定性,提高交易的效率,节省交易费用。二是基于资源基础的联盟理论。其主要观点认为,联盟企业间的资源是独特的,互补的。联盟企业可以将各方互补性的资源集中在一起,在更大范围内促进企业内部资源优化,提高企业运营的效率。三是基于组织学习的联盟理论。其主要观点认为,相对于传统的资源互补因素,知识是企业独特而具有价值的资源,企业间的战略联盟,形成互相促进的学习平台,可以从联盟企业学习到知识与技能。四是基于社会网络的联盟理论。其主要观点认为,社会是多重的网络,战略联盟的企业是一种关系性网络。联盟有利于企业建立有助于竞争的社会环境。[3]

鉴于战略联盟理论的表述,京台金融合作,可以获取多种优势,台资金融机构可以更加快速地进入北京金融大市场,在扩大自身金融业务的同时,为本地的台资企业提供更有效的金融支持。北京金融业可以通过金融主体之间联盟,进行资源互补,学习到先进的管理资源,优势互补,促进北京金融业的发展与成熟。

2.2 京台金融合作文献综述

2.2.1 简要述评

2010年1月26日,ECFA第一次两会(海峡交流基金会和海峡两岸关系协会)专家工作商谈在北京举行。会议就ECFA贸易投资、经济合作机构建制、工作机制等相关问题交换了意见,并在之后的几次重要商讨中不断地取得新的进展。ECFA是基于两岸经贸交流已有的30余年发展历程的必然结果,而且在ECFA签署后的时间里,两岸不断地加深各方面的合作交流。针对两岸合作,尤其是对两岸不同地域合作的研究也逐渐加深。而且,在两岸经济不断变化的过程中,由于地域不同、产业不同也分别产生了不同的合作模式。孙兆慧(2011)[4]的研究明确指出,台湾地区与大陆的合作自20世纪末开始,出现了由珠江三角洲向长江三角洲转移的态势,并且这种合作在近年来又出现了继续北上的态势,进而发展到北京与台湾地区的经贸合作,其中包括北京与台湾的金融合作。但是一些相关研究也曾指出,由于地域、政策等原因,这部分合作依旧没有达到一个理想的状态。

当下,在京津冀一体化战略出台之后,更多的机会和政策也即将随之而来,本节旨在梳理已有的研究成果,对京津冀一体化大背景下的京台金融合作提供一些建议。根据笔者的搜集整理,可以将关于两岸经贸合作的研究分为以下三个大方面:一是 ECFA 签订前,基于"金融一体化"的研究主线进行的合作探讨;二是基于 ECFA 签订后,大陆各地区与台湾地区的金融合作;三是运用 SWOT 模型对两岸金融合作的分析与研究。本节将从这三个方面进行综述,最后再对京津冀一体化大背景下京台金融合作进行分析讨论。

2.2.2 基于"金融一体化"的研究探讨

ECFA 签订前,两岸金融合作探讨的主题是"金融一体化"。国外学者 David Dickins 等(2011,2014)关于"一体化"的研究表明,不同地区的金融活动相互渗透、相互影响可以形成联动整体的发展态势,实现"空间"与"金融资源""金融产业""金融地域运动""金融效率""金融开放"等的有机融合,并通过金融核心扩散效应,促进金融产业成长状态逐渐改善,从而带动整个地域金融产业成长,最终实现金融资源效率帕累托最优。

ECFA 的签订,为两岸的合作提供了基础性的协议框架,为深化两岸合作提供了制度层面的机遇。两地专家和学者基于"金融一体化"理论,对两岸金融合作的研究进行了深化。主要研究内容集中在四方面:

(1) 两岸金融合作的内容和途径。①打造金融合作圈发展模式;②建立离岸金融中心。以两岸区域金融中心建设为重点,通过加强产业对接,人才交流等路径深化两岸金融合作。主要研究者有:张萍香(2013)[5]、唐礼智(2014)等[6]。

(2) 两岸金融合作存在的问题和发展趋势。①金融合作的发展程度较低。王劭佑等（2014）[7]通过对两岸金融合作的VAR分析发现，两岸合作处于较低的水平，尤其是资本市场合作较低。潘青松和李刚等（2013，2014）[8][9]通过实证分析了两岸金融的关联程度，认为两岸的金融关系具有单向、间接的特点，这是两岸金融共同迈向国际化的障碍。②金融合作的贸易效应较低。王建民等（2014）[10]研究发现，两岸金融合作尚不足以和两岸贸易、投资产生有效的交互影响，并且直接投资进展缓慢；③金融合作的发展趋势。两岸金融合作有助于台湾地区成为人民币离岸中心，并有助于国内小微金融的创新。研究者有李沃墙等（2014）[11]。

(3) 两岸货币合作以及两岸金融监管和金融政策。主要观点有，两岸直接通汇、实现自由兑换、开放资本市场及货币一体化等设想，以及进一步扩大对台湾地区的金融开放。主要研究者：郭春松（2014）[12]、陈钦（2017）[13]等。

(4) 两岸投融资市场的比较。台湾学者研究表明，大陆金融市场结构单一，资金缺乏弹性与效率，间接融资比例过高，融资结构失调。台湾地区具有多层次的金融市场体系，投融资市场较为成熟，并且市场证券化率较高。主要研究者有庄宗明和吴卫锋等（2011）[14]。

2.2.3　大陆各地与台湾地区的金融合作研究

1) 闽台金融合作

在ECFA签署之前，冯之浚（2006）[15]便提出闽台合作在两岸合作中具有五缘优势，即：地缘优势、文缘优势、血缘优势、商缘优势、法缘优势。其中地缘优势即地缘相近，是指从距离上讲，厦门同安至小金门的最近距离只有1 000多米，平潭距新竹仅有68海里；血缘优势即血缘相亲，是指在台湾同胞中，祖籍福建的约有80%；文缘优势即文缘相承，是指台湾地区通用方言为闽南语，在民俗、信仰、艺术等方面也均与福建一脉相承；法缘优势即法缘相循，是指闽台在政治和法律制度上渊源很深,从宋朝在台湾设立行政机构到台湾单独建省之前,台湾一直归福建省管辖,1885 年台湾建省称福建台湾省;商缘优势即商缘相连,是指厦门经济特区、台商投资区、西岸农业合作区为两岸商贸往来提供了便利。所以,大陆各地与台湾地区所进行的金融合作中,闽台金融合作自然成为两岸金融合作的先行,很多研究也从这里开始。

在 ECFA 签署之后,李鸿阶等(2012、2018)[16][17]通过两项研究先后阐述了在 ECFA 框架下闽台金融合作的路径选择与两岸综合实验区的发展模式。该研究提出随着两岸经贸合作的深入,金融合作逐渐显得捉襟见肘,金融方面的各种限制已成为两岸合作向前发展的瓶颈,而在 ECFA 签订之后,给闽台的经贸合作带来了很大的机遇。由于中小民营企业较多是福建经济的一个特点,金融服务于福建的中小民营企业成为闽台金融合作的首要任务。在合作模式中产生了创建台资企业的聚集区以及台湾投资创业园等形式,将引进中介及资产评估机构,引导台资的投资方向,深化闽台的产业对接,加快金融配套设施的完善及金融产品的多元化发展作为主要战略。

在进一步对发展模式选择的分析中,有研究指出,在 2008 金融危机后,两岸关系回暖带来的各方面红利是不可忽视的。无论是台湾地区赴大陆的投资,还是大陆赴台湾地区的投资都出现了明显增长的势头。然而,这一时期的诸多成就主要体现在各种经贸交流平台的搭建。随着金融危机过后两岸经济的回暖,各种平台所能提供的服务逐渐难以满足两岸经济发展的现实需要,这种状况也为两岸的金融合作提供了一定的发展空间。另外,也有研究提出了从改革开放初期到 20 世纪 90 年代末,两岸的经贸合作中所呈现出的特点是,大陆承接了台湾地区的产业转移,基本确立了两岸的垂直分工格局。而进入 21 世纪之后,随着大陆经济的发展,两岸的分工已经由垂直型分工向混合型分工转变。

就两岸所选择的合作模式上分析,两岸最初是以借鉴国外的合作模式为主,之后又探索出适合自己的发展模式。例如,国际区域的合作模式,这种合作模式曾在欧洲、北美等地区得到广泛实践,其得以运用的主要原因是基于地区间的政治互信与战略利益(两岸的合作也符合这一特点),并且在合作过程中根据现实情况的不同,既由政府主导也由企业主导。在两岸合作的过程中,这些年主要采用了政府主导的实验园区的合作模式。在合作原则上基本遵循着"民间—半官方—官方"的过程。尤其是在 ECFA 正式签署之后,两岸的经贸合作逐步由功能性向制度性转变。基于这些变化,相关研究指出随着近年来两岸合作的深入,政策要更具针对性。李民和谢丽彬(2011)[18]认同了冯之浚(2006)提出的闽台合作的"五缘"优势,也指出了 ECFA 为银行、保险、证券业带来的发展机遇,台资银行在大陆建立分行的条件要低于外资银行,同时,ECFA 中的相关政策对台资在中西部、东北部地区设立分行更是设立了绿色通道;而在保险业方面,大陆以降低准入门槛作为台资保险业在大陆发展的便利条件;证券业方面对满足 QFII 条件的投资机构给予相应的投资便利。由此可见,ECFA 为两岸合作提供了一个大平台,使银行业、保险业、证券公司等金融机构在人才、信息、市场、业务等诸多方面有了发展合作的条件(如人才交流协会、政府机构互派等)。

谢八妹(2012)[19]的研究指出了闽台金融合作的基础,首先是闽台已有的持续发展的经贸合作;另外,《海峡两岸金融合作协议》《两岸金融监管合作谅解备忘录(MOU)》、ECFA 等政策或协议为闽台金融合作提供了相应的制度保障。但是在经贸往来不断深入与制度保障逐渐完善的背景下,尤其是在金融危机之后,出现了台资对闽投资占比的下降。在政策与策略方面该研究指出利用"先试先行"、建立试验区、合资入股产业基金等方式加快金融业务多元化的步伐,加快金融创新力度,努力找准服务人群提供优质的个性化服务,加快创新型金融人才的培养与引进,在相对宽松或优惠的制度政策下也要保证监管得力。该研究指出闽台的经贸合作是闽台金融合作的前提和基础。但同时,后 ECFA 时代闽台金融合作面临着一些挑战,首先,随着珠江三角洲和长江三角洲地区投资环境的改善,台资对闽的投资占比出现下降趋势,逐渐转向了上述两个区域;其次,闽台互设金融机构存在不对等的现象,并由此形成的竞争力和开放程度差异;最后,随着两岸合作的业务种类增多以及两岸的信息不对称,因此会形成一定的风险,对于这种风险的监管机制还尚未完善。该研究给出的建议是,在产业链条上完善产业链优化,整合产业体系,在区域合作上促进城市群的联动发展;在金融方面,注重金融创新与人才培养监管,而在服务对象方面,注重中小企业。

陈小梅(2011)[20]也认同 ECFA 为两岸金融合作提供的广阔空间,但其研究更加强调了这种合作空间得益于中央所认同的支持和认可,如把福建省建设海峡西岸经济区的区域战略上升为国家战略。尤其是在中央认可的厦门经济平台上,保险等机构获得了一定的优惠政策。此外,该研究还指出闽台金融业的互补性也是促进两岸金融向前发展的契机和动力。因为台湾地区银行业竞争较为剧烈,使台资银行在长期的竞争中形成了各种精细化管理的理念,这种理念对于福建地方的金融机构有着很强的借鉴意义。而且,两岸的经贸交流也的确是双方金融合作的基础。而对于保险业与证券业,台湾地区的保险业与证券业面临着与上述台资银行同样的竞争压力,而福建的保险业却依旧存在着较大的市场空间。以上便是两岸金融存在的合作空间。而对于合作中所面临的挑战,该研究指出,环境差异问题是福建省吸引台资所面临的主要挑战,目前闽台金融合作的模式差异、法律环境、工作理念的差异较大,需要一定的适应期。另一个重要的挑战就是两岸有效的货币清算机制尚未建立,严重影响着闽台的金融合作。该研究提出的发展方向包括降低准入门槛与完善人民币结算机制,发展离岸金融,提高资金利用效率,以及设立吸引台资企业参与的投资基金。

张萍香(2013)[21]的研究,首先,列举了在 ECFA 后期闽台金融在通汇、货币兑换、金融机构互设与在闽台资企业融资方面的合作动态。可以看出,ECFA 签署之后两岸的金融合作,尤其在闽台地区的金融合作取得了丰硕的成果。其次,该研究认为两岸金融合作之所以能够继续健康稳定地向前发展,主要取决于两岸政治问题的解决是否得当。近年来,两岸关系的缓和为两岸的经贸合作带来了巨大商机,也给金融门槛的降低与资本合作放宽了许多限制。最后,该研究所提出的合作新路径也与之前的研究殊途同归,即建立区域性的现行试点与征信平台实现局部的信息共享;在货币清算机制方面,应开发新的业务领域;应重视金融创新领域的人才培养。

郑甘澍和武力超(2015)[22]的研究运用了RCA指数(显示性比较优势指数)和出口增长优势指数,分别从动态和静态反映产业产品的竞争力变化。该研究发现,ECFA后期,福建的第一、第二产业大多数产品的竞争力均有所提升,而第三产业受到一定程度的冲击。该研究给出的建议是发展新型的绿色农业、渔业,先进的制造业和现代服务业,创建闽台的投资平台。其中,对于第一产业来讲,在农业方面,创建农业园、构建农业信息平台、增强农业互信;在渔业方面,闽台互相发挥互补优势,深化产业链合作,福建应加快技术引进,发展远洋渔业。鉴于台湾地区远洋渔业总实力居世界第四位,经验技术丰富,福建政府也应组织人员赴台学习培训。此外,闽台具有一定的"渔乡水村"的文化,应打造渔业文化。关于第二产业,该研究分别就石化业、纺织业、精密机械业、LED光电产业给出了发展建议。其中,在石化业和纺织业中共同存在的合作是环保合作。纺织业方面,福建有劳动力优势而台湾地区具有技术优势。在精密仪器和LED行业,应推动产学研一体化。关于第三产业的发展,该研究提出在物流行业中的冷链物流与国际航运两方面加强合作;在金融业方面推进各金融机构的合作以及金融中心的建设;对会展业的发展建设也是不容忽视的,同样遵循以民间力量为主,辅之以政府引导的基本原则。

黄志圣和郑小玲等(2017)[23][24]阐述了福建深化对台金融合作的独特优势和广阔前景,并对深化金融合作的方式提出创新的具体构想。

把握"一带一路"与自由贸易试验区建设的机遇,在加快推动两岸金融深入合作的前提下,闽台两地可结合自身产业发展的特点,在自由贸易试验区试行搭建 PE 投资平台,创立两岸合作私募股权基金,创新闽台两地金融合作新模式。

2) 粤台金融合作

王鹏(2009)[25]的研究主要论述了粤台金融合作在广度与深度上的问题。该研究首先分析说明了粤台经济合作方面的一些状况,比如台资在广东投资的持续活跃,投资领域主要集中在劳动密集型产业,但存在的问题是合作以单向投资为主。尤其在金融分包过后,广东对台湾地区的出口份额锐减,甚至出现负增长。在金融危机的影响得到平息和复苏之后,台资在广东的制造业、农业、现代服务业与物流业逐渐发展起来。该研究还指出,在如上经贸合作中的金融支持仍存在着一定的制约因素,如一些中小型的家族企业财务制度不健全,经营理念无法与台资金融机构对接;两岸通汇、货币清算存在限制;金融机构的设立仍停留在单向设立的层面,制约了粤台金融的深化合作。该研究给出的建议是创立试验区、探索多渠道的投融资平台、借鉴港澳跨境人民币结算试点的经验,完善粤台货币之间的兑换与清算机制。

张文兵和庞弘燊(2013)[26]的研究分析了《广东省建设珠三角金融改革创新综合试验区总体方案》颁布之后,粤台金融合作的必要性、可行性、现状与对策措施。粤台金融合作的必要性主要体现在,随着两岸经贸的不断深入以及广东经济的不断发展,粤台两地金融市场均呈现出很大的发展空间与合作空间,而且对于两地的企业来讲均存在着融资困难的问题,尤其体现在中小企业融资方面。而台资金融机构在这一方面积累着很多的经验,也是两岸实现优势互补的必经之路。该研究对上述现象给出了如下的措施建议:在政策上利用试点的机会放宽台资进粤的门槛,灵活采用参股抵押等方式;建立粤台交流的信息平台,对信贷登记、信用档案、资产评估等相关信息实现共享管理与风险监管;进行两地金融人员的沟通、合作、培训、促进相互了解,提高金融人才的竞争力。

蔡红波(2013)[27]的研究以"金融地域系统"为理论依据,提出打造"粤港澳台合作圈"的发展构想,采取短期—中期—长期的战略规划。该研究通过地域存款、地区GDP、金融相关率三个指标,认为粤港澳存在着金融增长空间,可以实现初期、中期依托香港,长期扩大范围,最终实现粤台金融合作的可能。同时在这个过程中,逐步实现金融深化细化、两岸金融监管合作、金融环境配套等任务。

陈馥(2018)[28]探讨了海峡西岸经济区开发背景下粤东地区对台经济金融合作的现状、面临优势和问题,提出系列政策。研究认为,深化粤东地区对台金融合作,助推粤东地区与海峡西岸其他经济区一体化发展,对于实现广东区域经济均衡协调发展具有重大意义。

3) 桂台金融合作

张家寿(2009)[29]研究了在北部湾开发所带来的投资热之后,金融支持缺乏的问题。首先,该研究从经贸交流、金融互补、地区稳定和祖国统一四个方面肯定了桂台金融合作对于两岸经贸以及桂台金融业的重要意义;其次,该研究也论证了通汇方式与金融分支结构设立于金融合作的现实基础;最后,该研究认为要实现桂台金融合作,放开各种限制政策是大的趋势与必然,这需要有政府的引导。通汇与监管是相当重要的两大方面,它们各自也都存在阻力和难题需要克服。该研究给出了放宽政策、互设分支机构、加强金融监管的政策建议。

陈婷婷和李达娟(2013)[30]在"十二五"期间广西壮族自治区政府继续实施"引金入桂"的大背景下,对桂台金融合作进行了研究。该研究依靠闽台金融的合作经验对桂台合作的现状、存在问题和发展对策进行了分析,并指出加强桂台金融合作可以着眼于农业生产中台资银行与村镇银行的合作,还要促进人民币的直接兑换与结算。

黄志勇(2014)[31]在梳理桂台金融合作主要政策的基础上,借鉴闽台、苏台的金融合作案例,为桂台的金融合作提出了政策和建议。其研究认为人民币国际化不仅仅为两岸的金融合作带来很大便利,而且为桂台金融合作带来商机。2013年11月,经国务院同意,中国人民银行牵头11个部门发布的《云南省、广西壮族自治区建设沿边金融综合改革试验区的总体方案》也为桂台的金融合作带来了新的机遇,其中包括建设各种试验区。在以上有利条件下,借鉴闽台、苏台的金融合作经验,其研究认为,桂台金融合作的关键在于产业规模的扩大与市场定位的精准,尤其是市场定位应该是主要服务于台商,可以以参股合资的形式共同打造投资平台,同时加强两地的人才合作。

磨现洲(2015)[32]在分析桂台金融合作的基础上,提出了桂台金融合作的驱动因素和领域选择。曹薛李(2016)[33]在"一带一路"对桂台合作产生影响的基础上,就如何充分利用这一影响提出了相关可行性建议,包括提请国家批准在桂建立自贸区、桂台合作完善桂面向东盟的基础设施建设、亚投行带来的金融改革与发展的机会等。李春妮(2017)[34]的研究指出,桂对台合作的区位优势明显,桂台之间建立金融长期合作机制,是两地金融合作的重要保障,能够深化桂台之间的区域合作,促进桂台之间金融业务的往来,拓宽桂台金融合作领域,助推桂台经贸合作的发展。

4) 津台金融合作

李冰(2009)[35]的研究指出,金融危机后期天津已经成为台资北移的重点。台盟天津市委员会、天津市台联(2009)[36]的研究也认可上述观点,理由是借鉴台湾地区的经验为两岸中小企业服务。该研究指出,2 770平方千米的滨海新区中有80%的土地没有挂牌,可以吸引台资入津共同开发,而且投资领域需要聚焦于中小企业与农业生产。

民革天津市委员会(2011)[37]的研究从ECFA生效后两岸的金融需求分析入手,指出有相当数量的台资企业落户天津,投资重点在滨海新区,行业集中在工业制造业,但服务于制造业的金融业发展相对缓慢。

而且,面向制造业领域的相关金融服务比较落后,实现产品创新是当务之急。罗琼(2015)[38]的研究分析了津台两地物流金融业合作的可行性和必要性。该研究指出,津台两地的经贸往来越来越密切,大力发展物流金融可以有效解决两地中小企业融资难的问题。该研究还分析了津台两地物流金融合作的模式选择,提出了加快津台物流金融合作的对策建议。

2.2.4 两岸金融合作的优劣势分析——基于SWOT分析法

范越龙(2012)[39]对台资银行进入浙江的优劣势进行了SWOT分析,并指出台资银行的优势主要在于语言、经营理念、金融产品、金融人才以及针对中小企业服务的经验;而劣势在于台资银行进入浙江的时间较晚,而且其人民币来源缺乏保障,经营条件上也面临着诸多的限制。该研究认为浙台的合作模式必须尊重以下几个方面:做深已有的台资业务;相关台资业务紧紧跟随国家政策;以中小企业和三农业务作为重点的发展领域;注重个人消费的金融业务;共同培养专门针对金融的人才。章和杰(2010)[40]同样用SWOT方法分别对台资银行、证券、保险等机构到大陆进行投资的优劣势进行了分析,其结论如下。

1) 台资银行的优劣势分析

台资银行的优势在于:①其国际化程度比大陆银行高,金融产品开发与买卖上具有优势,尤其是在金融衍生工具交易方面有着丰富的经验,在人才、管理方面也有一定的经验与优势。②拥有较为完善的公司治理机制。在金融全球化大背景下,全球金融活动联系越发紧密,金融机构的公司治理的优劣性直接影响到公司的生存与发展,在此方面,台资银行优于大陆银行。例如,在金融危机阶段,台湾地区银行业的不良贷款率为2.13%,而同期大陆银行的不良贷款率为7.83%。③台资银行对大陆台商的了解远远优于大陆银行。台资银行对大陆台资企业的经营能力、经营定位、客户定位、资金来源等商业信息的掌握比大陆银行的掌握程度更高。而且,台湾岛内早已拥有的相关征信机制使台资银行比大陆银行更熟悉台资企业的运作方式。④农村合作金融的经验。农村合作金融在促进台湾经济转型、实现台湾经济腾飞的过程中起到了相当重要的作用(例如,在这一过程中,为农户生产生活筹措资金,以及业务经营、组织结构调整方面起到了不可忽视的作用)。

台资银行的劣势在于:①台资银行虽然数量众多,但规模较小。前五大台资银行的总资产仅约11万亿元新台币,基本相当于大陆国有银行资产规模的1/5。②台资银行进入大陆的时间较晚,有利先机已经被部分外资银行所抢占。③台资银行赴大陆投资后的环境适应性问题,一直是困扰台资银行的最大问题。其主要体现在法律环境、文化环境的不适应以及员工对台资企业文化的不适应(例如两岸管理考评指标不同)。并且,相关业务也受到大陆银行的挤压与竞争。征信体系、服务对象、会计制度等的不一致都导致台资银行在风险管控、人事管理等方面在大陆有着极大的不适应。④存在人民币经营业务的限制。其中,长期的人民币资金来源极为有限,使台资银行在大陆面临着资金缺口的困境。

对于银行的发展机会,本研究认为,从两岸发展的大前景来看,合作与共赢是两岸经贸往来的主要基调,因此上述提到的诸如人民币业务的经营资质与限制、相关的制度管制均会趋于宽松。在近年来台资银行与大陆银行的合作竞争中,台资银行已经积累了一定的经验,也逐渐培养出了自己的客户群体,找准了自己的客户定位。台资银行即使无法与一线的大陆银行竞争,也还有二线银行的客户群体可以发展和培养。

台资银行进入大陆所面临的威胁因素主要来自外资银行的竞争威胁。在客户方面,外资银行在大陆抢夺了大量的优质客户群,并将主要的机构设立在北上广深这样的大城市。在业务方面,外资银行能够经营的业务也远远比台资银行的范围广泛,资产质量比台资银行雄厚,都对台资银行到大陆进行投资构成了较大的威胁。

2) 台资证券机构赴大陆投资的 SWOT 分析

台资证券机构投资大陆的优势在于：①台资证券机构的业务丰富能够满足不同客户的多种需求。②台资证券机构对外开放的时间较早，经验丰富，抗风险能力强。③相对于大陆内部的外资证券机构具有一定的文化优势。台资证券机构的投资劣势在于：台资证券机构的规模较小，难以符合大陆 QFII（合格境外投资者）资产规模不小于 100 亿美元的硬性要求。在机会与威胁方面，台资证券机构所面临的机会与威胁与台资银行极为类似，机会在于宽松的合作环境是大势所趋，而威胁主要来自较早抢占了大陆市场的外资证券机构。

3) 台资保险机构赴大陆投资的 SWOT 分析

台资保险机构赴大陆投资的优势体现在管理、人才、产品、品牌等方面，尤其是其产品质量较高。根据标普的调查报告显示，大陆的寿险存在结构失衡、同质化严重等问题。台湾地区保险业的发展早于大陆 30 年，并同时吸收和借鉴美日欧等国家和地区的先进经验，打造了适合本地消费者的各类保险产品。台资保险机构赴大陆投资的劣势在于：①规模小，难以符合大陆保险行业的准入门槛，业务局限在台商。②在合作方面，大陆企业出于政治方面的考虑，不倾向于将资金直接投资给台商。③进入大陆时间短，环境还需要适应，部分市场已被抢占。台资保险机构赴大陆投资的机遇主要是宽松的环境预期；而威胁主要来自大陆保险行业的竞争。作为应对策略，台资保险机构应利用人才优势，主攻台商业务，加快沿海市场与业务的布局。

上述两岸合作文献的基本分析表明，两岸合作已扩展到津台的范围，较少再继续向内陆发展。但笔者认为，随着京津冀一体化战略的深入贯彻和发展，京台金融深化合作将会成为另一大合作趋势。

2.2.5 京津冀一体化——京台金融合作的新背景

2014 年，国务院总理李克强作政府工作报告时指出，加强环渤海及京津冀地区经济协作。这一战略是由京津唐工业基地的概念发展而来的,涉及京津和河北省11个地级市的80多个县(市)。国土面积约为12万平方千米,人口总数约为1亿人。该战略中北京市的定位是:国家首都,政治文化和国际交往中心,国家科技自主创新中心,现代服务业、文化创意产业、高科技研发业发达的国际大都市。精准的定位为京台金融合作创造了良好的客观条件,而且已有相关文献对京台金融合作进行了初步研究。孙桂生和马俊红(2013)[41]从物联网的角度指出,京台在物联网金融合作方面存在一些已有的合作基础和未来的发展方向。合作基础主要是双方已有的各自的电子商务平台。未来的合作中,应放宽对台商投资的限制,也可在税收方面给予一定的优惠。在技术学习方面,台资金融业拥有人才优势,但需要懂得如何与大陆的企业合作。同时也鼓励大陆的人才赴台湾发展。当然,高层的政治解冻才是推动京台合作的最关键动力。

在后续的研究中,孙桂生和马俊红(2014)[42]通过分析京台的主要经济指标与经济情况运行的差异给出了京台合作的建议与路径:首先,从GDP的对比上来看,北京的GDP增长快于台湾地区,但从城市化的水平来看,台湾地区城市化水平高于北京,尤其在城市规划、城市环境治理方面。其次,从京台的工业水平对比来看,北京工业化程度较高,形成了传统工业+新型工业的"双引擎"模式,涵盖汽车制造、电力生产、计算机、通信通讯等。台湾地区工业更集中于高精尖的精密器械、生物技术、资源开发、节能环保等领域。最后,从货币化程度来看,北京受到全国金融大环境的影响,金融服务较为落后,尤其是个人金融服务的交易成本偏高;而台湾地区服务于金融交易工具的金融产品则趋于多元化。京台金融服务业的共性在于,服务业为京台共同的经济增长点,符合京津冀一体化战略的区位优势。

韩棕林(2014)[43]的报道指出,"2014京台资本市场合作发展论坛"释放出积极信号,即股权和创投行业将成试验田。北京是内地创业投资机构、专业人才、投资效益都相当理想的地区,北京中关村是内地上市公司集聚区域,资本市场将成为京台合作的重要支撑。何勤和刘雅熙(2015)[44]也指出,京津冀一体化为科技创新人才流动提供了更良好的环境。

需要说明的是,京台金融合作和我国沿海各省与台湾地区合作的主要不同点表现如下:①北京深处内陆,不同于浙江、福建、广东等省份与台湾之间的临海贸易。②北京是我国的首都,受国家政策影响较大。③征信问题是否可以互相承认。④台湾投资者的资金保障、不良资产境外补偿机制,以及台湾资产抵押在台处置等问题都需要企业与政府深入考虑。当然,总体而言,京台金融的深入合作已经成为未来发展的方向。京台金融合作需要向上述提到的闽台、粤台、桂台借鉴更多的经验,保证其健康发展。

综上,现有文献主要局限于两岸金融合作的内容、途径、趋势等问题;在实践层面,两岸的金融关系仍处于相对单向状态。虽然有大量台资企业进入北京,但在如何通过金融合作为北京台资企业提供更好的金融支持方面鲜有研究。因此,结合京台金融合作的现状,构建京台金融合作的模式、研究其合作机制,对促进北京台资企业的发展具有迫切性和必要性,也可为京台金融领域深化合作提供借鉴参考。

第3章 京台金融合作的发展现状

3.1 京台金融合作的驱动因素

3.1.1 经济全球化与金融自由化的促进因素

当前,经济全球化、区域经济一体化的开放式格局正在推动不同区域的经济体,加速其经济合作和产业融合的进程。经济全球化的实质是生产要素在全球范围内自由流动、高效配置,使不同地区的经济体相互信赖、相互联系的程度日益加深,其表现形式是形成不同性质的区域合作。根据经济合作的层次不同,分为区域经济一体化和一般区域性合作。在经济全球化背景下,区域经济一体化是世界经济一体化在区域层面上的率先实现。除此之外,一般区域性合作也是经济全球化的表现形式之一,具体表现为不同区域的产业进行对接融合。经济领域的合作,促进了产业层面的合作,尤其是在一定区域范围内,地理位置邻近的经济体以地缘优势为依托,通过一系列协议和条约建立起区域经济合作组织,成为经济全球化的重要表现形式。区域合作形成的主要机制表现为:建立共同的协调机构,制定统一的经济贸易政策,消除相互之间的贸易壁垒,形成长远发展的开放格局。金融自由化是区域合作重要的先行内容之一,也是一国或地区未来金融合作发展的共同主题。在 ECFA 背景下,进一步推动京台金融合作并实现协同化发展,有利于为快速发展的京台经贸合作提供快捷优质的金融服务,有利于促进京台金融业的调整优化,提高共同抵御金融危机的能力,并促进京台经济的增长,优化区域资源配置,实现两岸经济协调,更好地应对全球金融自由化的竞争市场。

京台之间的金融产业合作,源于开放式经济背景下的大势所趋。北京与台湾地区拥有不同的要素资源、不同经济特征的市场配置。尤其是在经济全球化不断加深的进程中,不同的经济主体都在积极寻求更广阔的市场领域、更优质的要素资源,来优化区域经济结构,实现本区域内社会经济的可持续发展。北京是全国重要的经济文化中心,拥有丰裕的人力要素资源、广阔的市场发展潜力、发达的科技产业,更是全国现代服务业的核心城市。北京作为国内外重要的特大型都市,也是中国对外开放的代表性城市之一,因此,是各种外资积极进入的重要目标市场。台湾地区作为重要的区域经济体,其现代服务业、信息资讯业、现代农业、文化产业等方面在全球市场都具有较强的竞争优势。并且,基于岛内的市场空间狭小,其产业的外向型特征较为突出,尤其是产业的国际化水平较高,并一直在积极寻求更广阔的市场空间。京台金融合作是产业合作的重要内容之一,是北京扩大对外开放的重要表现形式之一,也是台湾地区积极寻求岛外市场发展机遇的重要表现形式。

3.1.2 京台金融合作的政策利好因素

京台之间的金融产业合作,主要源于两方面的政策利好因素:一方面,两岸经济合作的政策利好不断推出,合作的规则(框架性协议)得到确认和明晰。以政策利好为前提,直接为两岸经贸关系的发展提供了深化合作的必要性和可行性。目前,两岸签署了多项合作协议,尤其是

2010年签署了ECFA以后,促使两岸的经济合作进入了发展的快速通道。京台金融产业合作正是受惠于两岸政策利好的大背景,不断深化合作的领域和合作的层次。另一方面,政策的利好因素主要表现为北京现代服务业进一步扩大对外开放,降低了多项外资准入的门槛。当前,服务业已成为北京的主导产业,其产业的增加值已经占到城市GDP总量的70%,因此大力发展服务业(尤其是重点发展现代服务业)、扩大开放,建设世界级城市,是北京未来发展的清晰定位。并且,北京已经成为中国第一个"服务业扩大开放综合试点城市",根据2015年出台的《北京市服务业扩大开放综合试点总体方案》的布局,针对北京现代服务业的全领域,扩大对外开放。这意味着,符合政策指向的外资准入门槛将进一步降低。按照方案设计的规划路径,北京将重点推动科学技术服务、文化教育服务、互联网和信息服务、金融服务等6大现代服务业的优势领域,扩大对外开放力度。台资的金融服务业、互联网信息业、科技产业,都是北京市扩大开放的产业领域。因此,台资相关产业入京将面临更多的市场机遇,京台金融合作也将具有极为广阔的市场发展空间。

3.1.3 一体化大市场发展潜力的推进因素

北京是中国环渤海经济圈的中心城市,其产业的发展与经济的增长直接辐射到河北和天津。目前,京津冀地区是我国经济由东向西扩张、由南向北推移的重要节点,也是带动中国北方经济发展的核心区域。2015年《京津冀协同发展规划纲要》(以下简称《纲要》)获批国家级战略。《纲要》对京津冀一体化的市场进程规划了推进的时点:到2017年,协同发展取得显著成效;到2020年初步形成协同发展新局面;到2030年京津冀区域一体化的格局基本形成。因此,以北京为核心的京津冀都市群,拥有巨大的市场发展潜力和发展前景。另外,从京津冀的市场消费能力看,2006—2015年,京津冀地区城市群城镇人口比例平均增速超过3.5%,高于全国平均增长速度。尤其是随着城镇化步伐的推进,从人口城市化的角度来考量,以北京为首的大市场已进入了高度城镇化时期,2014年城镇人口已高达86.20%(天津在2012年达到81.55%),高于全球较为发达国家的平均水平。因此,京津冀一体化的大市场,拥有巨大的市场投资潜力和消费能力,是包括台资在内的外来资本投资的"乐土"。

从一体化的市场发展前景看,根据财政部的估算,在2014—2020年6年内的实施期和后续的配置建设期,京津冀协同发展将撬动42万亿元的投资规模,并引发百万亿元的投资机会。但是,在实际利用外资方面,京津冀地区城市群则略高于珠三角,远低于长三角,只相当于长三角的36.95%。[①]从经济外向度来看,以北京为首的城市群实际利用外资的水平远落后于长三角和珠三角地区。基于此,京津冀地区巨大的市场潜力,同时也带来了巨大的市场后发优势与发展机遇。并且,在市场化的发展进程中,国有经济占的比重较高,缺乏市场化的活力,市场功能较为弱化。相对而言,台湾地区产业的特点是高度的市场化、国际化,产业的外向性特征较为突出,经济的活力较强。台资金融机构与北京金融机构的合作,尤其是京台在各自优势的金融产业领域的深化合作,将形成优势互补的发展效应,促进京台经贸与投资的共赢发展。

3.2 京台金融合作的互惠效应

3.2.1 京台金融合作的互惠性

根据战略联盟理论,京台可以构建两地优势互补的战略联盟,集聚稀缺资源,深化各相关领域的产业合作,以此保持京台产业的持续竞争优势,实现两地的资源共享、产业增长和市场共赢。从根源上看,台湾地区产业的外向程度较高,尤其是电子信息、金融服务领域的市场化活

---

① 资料来源:根据2014年《京津冀蓝皮书》资料整理。

跃程度较高。在激烈的国际市场竞争环境下,岛内外向型金融业实现了优胜劣汰的市场化蜕变,在产业重新布局过程中,市场的要素资源配置得更有效率。因此,台资金融机构拥有的参与国际化市场竞争的丰富经验可供北京金融机构借鉴。

一方面,从产业结构上,京台之间产业发展的相似度较高,有利于产业合作。京台两地产业突出的特征是,科技产业发展的优势显著,尤其是电子信息业都保持了高速的发展。并且,京台都是以现代服务经济作为主导产业,相似的产业结构,为产业合作提供了有利的合作基础。另一方面,从产业互惠上,北京未来的产业发展需要符合城市的功能定位——北京规划了四个中心的定位,其中,三个中心定位(科技创新中心、国际交流中心、政治文化中心)与现代服务业紧密相关。因此,现代服务业、科技创新产业是北京重点发展的产业领域。基于明确的产业定位,北京需要提升服务业的质量,尤其是增加现代服务业的附加价值,发挥自主创新的服务能力、提升高科技产业的创新能力。台湾地区的现代服务业、科技创新产业都已完成了市场化的进程,其产业在发展与壮大过程中始终参与全球市场的竞争,产业的外向化水平、国际化竞争能力都较高。因此,台资产业的市场竞争优势突出。但是,岛内的市场空间有限,需要更广阔的市场容量。尤其是其现代服务业(如文化创意产业、金融服务业、餐饮业等)和以IT为代表的信息资讯业,其服务能力、产品竞争力、科技创新能力都保持了高度的国际化水平,更需要拓展内地的市场空间。因此,京台之间的金融业合作,可以实现资源共享,优势互补。北京可以利用台湾外源型的金融服务技术提升现代金融服务业的发展水平,提高北京金融服务的质量,以现代金融作引导,培育并强化重点产业的自主创新能力。

3.2.2 京台金融合作的必然性

资源禀赋理论、经济地域运动理论表明,从资源流动性和市场一体化视角,京台金融合作具有强大的内在驱动力。基于理论分析的观点,台资企业为保持其竞争优势,在开拓北京市场的同时,必将逐步与北京的相关产业合作(联盟),促进其企业综合竞争实力的提升。京台之间经济地域要素存在显著的差异性,因此,台资金融机构入京,其地域的运作表现为产业的流动性、开放性和合作性。

同时,基于帕累托改进理论,京台金融合作可以实现共赢的结果。具体而言,根据帕累托改进理论,产业合作(联盟)的实质是一种帕累托改进,在产业合作(联盟)的状态下,合作双方创造的价值大于各自独立实际创造的价值之和。也就是说,只有合作(联盟)所创造的价值是一种帕累托改进时,合作(联盟)才会出现并得以持续。京台的金融合作对两地金融市场的发展,以及促进两地社会经济共同增长有着积极的影响,可以实现合作的共赢性,尤其是对台湾地区的经济发展,具有多重的利益。京台之间相关或相似的产业合作对接,不仅可以拓宽台湾地区产业转移的融资渠道、拓宽岛内金融企业对外开拓的市场通道,还可以推动台湾地区金融业参与以北京为核心的京津冀金融一体化市场的进程,使其更长远地受惠于京津冀一体化市场发展的巨大红利。

3.2.3 京台金融合作的互补性

京台金融服务业均为两地现代服务业的核心产业,京台金融合作将实现共赢的发展目标。从产业发展优势来看:一是台湾地区金融业的市场性特征极其显著,金融资源以更加市场化的方式有效配置。台湾地区金融业的主要特点是普惠性金融,参与主体更加扁平化、定制化。二是台湾地区金融业的金融信息化水平较高。金融服务业属于高智力行业,台湾地区金融业以大数据为核心,金融资源的配置更为优化,不但创新度较高,而且金融服务的效率较高。三是台资银行的盈利模式值得北京银行借鉴。台资银行在20世纪80年代末期完成了利率市场化的改革,已经完全实现了较低的成本控制,同时利用微小利差实现盈利,保持了高效的运转模式。与北京的金融业相比,台湾地区金融业更具国际化金融的特征。相对而言,北京金融业的优势是,金融产业呈现规模化发展的特征。北京金融业资源高度聚集,是全国最大的私募股权地,而且总部金融特征突出,开放度较大,金融要素资源和基础人才储备丰裕,市场空间巨大。其存在的不足是,金融科技创新水平较低、行业垄断明显,仍未构建成充分竞争的市场环境。京台金融合作,引入台资金融机构,有利于提高北京金融市场的效率,实现市场的高效配置和运转。而台资金融机构积极"登陆"北京,可以寻求到更为开放和开阔的岛外市场空间。因此,京台金融合作可以实现技术换市场的共赢结果。

从人才供给的角度看:与台湾地区金融人才相比,北京基础性人才相对饱和,熟练型人才不足,尤其是能应对金融国际化与自由化竞争的高层次人才非常紧缺。据调查显示,在大陆的来自台湾的金融从业人员中,居住在上海的人数较多,占在大陆的台湾金融从业人员比例高达47.9%。因此,京台金融合作可以促进台湾地区金融高端人才的流动,促进北京金融人才供给的结构优化。

3.3 京台金融合作的发展现状

3.3.1 京台银行业合作现状

1) 台资银行积极拓展大陆市场

长期以来,中国台湾地区一直是亚洲最饱和的银行市场,有限的市场使台资银行同业竞争十分激烈。受2008年金融危机的影响,台湾地区金融业过去10年的发展相对滞后。目前台湾地区金融业产值占GDP比重为6%~7%,是台湾地区国民经济中第二大支柱产业(第一大产业是电子业)。金融企业不得不通过开发海外市场获得生存发展的机会。目前,台资对大陆以外地区的投资存量中,约有44%以上为金融业投资。对大陆的投资中,自2011年以来,金融保险业投资占比迅速上升。2013年,台资对大陆金融保险业的投资迎来高峰期,其投资额占台资对大陆投资总额的20.68%,在台资对大陆的各项投资中占比最大。① 截至2017年,共有11家台资银行在大陆设立29家分行,其中部分分行可以从事大陆台资企业人民币业务,另有几家获准筹建同城支行。北京现有台资金融机构代表处16家,其中已有1家升级为分行。总体而言,台湾地区和京津冀地区在金融机构设置、资本市场开放、金融合作等方面还处于起步阶段。

从台湾地区和大陆金融合作的整体情况来看,近年来,两岸就金融开放和合作签订了一系列文件,正在逐步推进两岸的金融合作。2009年4月,两岸签署《海峡两岸金融合作协议》,2009年11月15日,签署《两岸金融监理合作谅解备忘录》,形成了"一个协议三个备忘录"的金融合作机制(三个备忘录分别为:《两岸银行合作备忘录》《两岸保险合作备忘录》《两岸证券及期货合作备忘录》)。2012年,两岸签署《海峡两岸货币清算合作备忘录》,同意建立两岸货币清算机制,中信国际金融控股有限公司分别与4家台资银行签署谅解备忘录,为4家银行的内地台商客户提供金融服务,大陆的工商银行、建设银行、交通银行、中信银行和台湾地区多家金融机构合作推出两岸快速汇款业务等。

随着京津冀地区的发展,北京和天津的金融实力在不断显现。从金融产业的聚集度来看,国内外金融机构总部高度聚集在北京,现代金融业是北京经济增长的最大来源。与此同时,天津成为全国金融改革创新的集聚区,是全国拥有金融"全牌照"的城市,在产业金融、创新型交易市场、融资租赁以及股权基金等各个金融领域都独具特色。这些优质的金融中心为台资银行提供了广阔的市场空间,也为台资金融提供

---

① 数据来源:台湾地区"经济部审议委员会"发布的《2014年对海外投资事业营运状况调查分析报告》。

了充分竞争的市场。当前,在经营规模上,大陆银行优势明显,但在服务中小企业、金融财富管理、金融产品创新、金融风险控制,以及消费金融等方面,台资银行具有明显的竞争优势。台资金融机构在服务台商中小企业的同时,可以与京津两地的金融机构共同合作发展、成长壮大,为京津冀金融市场的发展、金融机构的创新及竞争力的提升贡献力量。

2) 台资银行入京的历程与现状

根据台资银行入京的时间和发展进程来共同考量,台资银行进京的历程,可以划分为三个阶段:从 2002 年至 2006 年,是台资银行进京发展的成长期;从 2006 年至 2010 年是台资银行进京发展的弱化期;从 2010 年至今,是台资银行进京发展的衰退期。各个阶段的发展现状如图 3-1 所示。

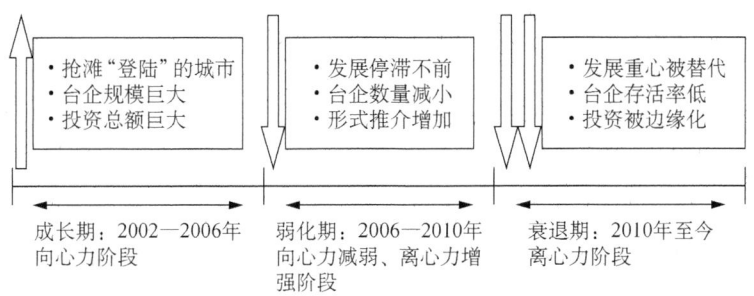

图 3-1　台资银行入京的发展历程

一是台资银行进京发展的成长期:向心力阶段。改革开放初期,台资制造业开始梯次向大陆进行规模性的转移[45]。我国加入世贸以后,大陆的市场进入开放的加速期,在逐利动机的驱动下,台资企业呈现大规模离岸化趋势。与此同时,服务于台资企业的台资金融机构开始探寻离岸化的可行性路径。在大陆金融市场开放的初期,台资银行开始迅速"登陆"。大陆的金融监管规定,最初"登陆"的台资银行可以设立办事处,面向台资企业提供金融服务。满足一定年限和条件可以升级为分行。在区位选择上,初期"登陆"的台资银行采取两种策略:一个是市场"跟随"策略,实施"追逐型"的布局,即以服务台资企业、满足其金融需求为新市场选择的切入点。因此,台资企业聚集的区域,也是台资银行最积极进入的地区;另一个是市场"覆盖"策略,实施"定位型"的布局。选定中国内陆的大城市,作为"登陆"的起点,再拓展市场覆盖的维度。

北京是台资银行最早抢滩"登陆"的四个城市之一。2002年合作金库银行北京代表处在长安街恒基中心挂牌成立。当时仅有4家台资银行率先在大陆设点,其余3家分别是彰化银行昆山代表处、世华银行上海代表处和华南商业银行深圳代表处。2002年年底,中国信托商业银行也设立了北京办事处。台资银行抢先入京的重要因素之一是,北京巨大的商机吸引了大批台资企业。以北京为核心的华北地区,是台商在大陆投资的又一个集中区域,在全国累计投资额位居第四位。因此,北京成为台资银行率先抢滩的战略市场。合作金库银行与中国信托商业银行选择北京作为服务台资企业、开拓华北市场的重要据点。2002—2006年是台资企业和台资金融积极"登陆"、涌入北京市场的高峰期。入驻北京的台资银行办事处在搜集信息、资信调查,帮助"登陆"的企业取得岛内的融资支持等方面,作出了积极的贡献,成为重要的融资纽带。截至2006年年底,入驻北京的台资企业高达2 300多家,由台资银行提供的金融支持,其投资总额高达25亿美元。

二是台资银行进京发展的弱化期:向心力减弱、离心力增强阶段。2006年以后,台资银行进京的发展态势仍处于上升趋势,至2015年共设立了16个办事处,但呈现出动力减弱、阻力增大的疲态。其主要表现为台资银行入京的发展模式发生较大变化,由最初"市场交流内驱型"的自然模式转化过渡为"协议拉动型"的发展模式。在此阶段,协议拉动型的签约合作成为主流。京台金融合作论坛(Beijing-Taiwan Financial Cooperation Forum,BTFCF)成为签署两岸合作协议的重要推介平台。在实践层面,无论是业务进展,还是台资企业融资,都没有形成普惠态势,缺乏实质性进展。2010年,ECFA签署之后,在早期收获清单中承诺:台资银行在大陆设办事处满 1 年可升分行;分行满 1 年且获利可经营台商人民币业务;分行满 2 年且获利可经营人民币业务。受惠于政策利好,该时期"登陆"的台资银行办事处迅速升格为分行。2010 年国泰世华银行设立上海分行(2002 年设立上海代表处),成为第一家在大陆设立分支机构的台资银行。而早期入京的台资银行则相对发展滞后。

台资银行"登陆"设立办事处,是进入大陆金融市场的起点,其长久的战略目标是设立分行并经营人民币业务,并与当地银行联盟合作,建立更便捷的通汇渠道、服务台商、拓展大陆金融市场的竞争份额。早期设立的台资银行北京办事处,仍停留在初期的业务范畴,主要业务仍限于信息收集层面,且与北京当地银行的合作联盟、为台湾总行开拓潜在市场客户等实质性业务进展缓慢。

三是台资银行进京发展的衰退期:离心力阶段。ECFA 的签订,对推进两岸经济关系正常化、经济合作制度化(以下简称经济两化)起到了积极的引导作用[46]。根据 ECFA 的指导原则,台资银行开始加速"登陆",全面进入大陆金融市场,布局范围由沿海向中西部全方位扩张。在此期间,直接在大陆申请设立法人银行(即子行)成为主流趋势。台资银行进入大陆金融市场的"登陆"模式呈现多元化的态势,设立分行、支行,或设立分行搭配租赁公司,又或以传统的并购模式扩张市场份额。两岸金融合作再次增添新平台,如福建海峡金融资产交易中心(以下简称海金中心)于 2014 年年底开业。同年,为解决大陆台商的融资难题,两岸拟设海峡创新银行。相反地,虽然北京金融业的优势突出,尤其是以中关村为首的科技产业带来巨大运营商机,但对台资银行实质性的区位引力则呈下降趋势,北京台资企业的数量于 2006 年达到顶峰之后,呈现不断衰减的态势。

从 2002 年以来,入驻北京的台资银行办事处,仅有 1 家刚刚设立分行。截至 2015 年年底,银监会的数据显示,台资银行在大陆已设立和正在筹建的营业性网点已达52家。台资银行在大陆已有2家子行（下设3家分行、10家支行，另有2家支行正在筹建）、16家母行直属分行及其7家支行和3家代表处，另有6家母行直属分行及其3家支行正在筹建。2015年京津冀一体化战略正式推出并成为国家战略。对市场商机高度敏感的合作金库银行，在天津设立分行，拟向京津冀台资企业和台胞提供金融服务。与此同时，针对天津的金融租赁市场，台资金融租赁公司迅速入驻，天津成为台资银行在大陆北方投资的首选之地。2008年以来，台资金融机构对天津投资额年均增长20%。截至2015年5月，台资金融机构在天津的合同投资总额高达156亿美元[47]。北京作为京津冀的核心城市，处于被台资金融机构边缘化的态势。而台资银行在北京的发展，以及京台之间的金融合作一直停滞在起步阶段和论坛（以及协议）的推介层面。直至"2014京台资本市场合作发展论坛"的举办，京台之间的交流议题虽然不断升级，但双方的金融合作仍维持在积极推介层面。

3.3.2 京台保险业合作现状

(1) 本土市场趋于饱和，台资积极拓展岛外保险市场。目前，就产业的成熟度而言，在世界工业化国家与地区中，中国台湾地区的保险深度位列第1位。根据相关权威统计数据，台湾地区保险深度达到18.4%，超越全球平均水平，包括各类寿险企业、产险企业，以及近千家（800多家）专业经纪公司或者代理公司。与此同时，台湾地区保费在国民经济中占比居世界第1位。尤其是其产险密度也曾高居世界第1位。台湾地区"金管会"公布的数据表明：2016年保险业的数据显示，台湾地区的总保费收入位列全球第10位，高达1 014.45亿美元。台湾地区保险密度（人均保费）全球第9位，达到4 320.7美元。同年台湾地区保险渗透度为19.99%（保险总收入/GDP），居全球第2位。并且，台湾地区人寿保险及年金保险投保率达到240.35%，台湾地区人均2.4张保单。

而台湾地区的经济总量只相当于大陆的5％,年保费收入却超过大陆的21.7％。数据显示,台湾地区保险市场已趋于饱和态势。因此,台资保险机构对外拓展市场的需求较为强劲。按照相关监管规定,台资保险机构境外投资上限可以高达总资产的45％。当前,台资保险机构对外投资渠道极其宽泛,投资项目也在日益增多。ECFA签订后,大陆保险业对台资保险机构进一步加速开放,国内保险业与台资保险机构往来合作进一步紧密。合作领域逐步深化,台资保险机构在大陆稳定成长。

（2）大陆保险市场逐步扩大开放,台资保险机构积极进入。2002年年底,中国保监会批准设立4家台资保险机构的代表处(国泰人寿成都、国泰世纪产险上海、富邦产险上海、富邦人寿北京)。2003年,台湾当局放宽限制,允许台资保险机构到祖国大陆保险市场成立或参股保险公司。2003年开始,台资保险机构开始大量进入大陆保险市场。最初有9家台资保险机构进驻大陆设立代表处,分别为4家寿险公司、5家产险公司,在大陆设立了11家办事处。当前,台资保险机构在大陆经营业绩稳定成长,2003—2015年,台资保险机构参股投资了大陆4家寿险公司、2家产险公司和2家保险经纪人公司。共计12家台资保险机构在大陆设立了13个办事处。近年来,因两岸旅游业的迅速发展,有7家台资保险机构被核准办理两岸协助各项保险理赔服务。统计数据显示:2015年台资保险机构参股投资大陆地区的6家保险公司,保费收入达184.26亿元人民币,总资产比2014年年底增长了46％。中国台湾地区最大的保险经纪集团——永达保险公布的2016年业绩显示,其在大陆12个省市的保险市场中,创造了8亿元人民币的保费,税后利润高达8 000万元人民币。

（3）在服务贸易"卡关"的态势下,两岸保险业维持了良好的制度化沟通。基于《海峡两岸金融合作协议》和《海峡两岸保险业监督管理合作谅解备忘录》的指导原则,两岸合作机制持续健全完善。在保险市场领域,两岸进行信息通达与分享、双方保险从业者互通往来,在反保险欺诈、跨境保险业务风险防范各方面的交流都保持了顺畅而良好的合作态势，取得了较好的合作成效。2013年10月，台湾地区金融监督管理部门与大陆保险监理委员会首度召开两岸保险监理合作会议，会上两岸就保险合作议题，在"建设监管合作平台、双方市场互相准入、其他保险事务交流"三方面达成共识。基于此，大陆与台湾地区正式建立两岸保险监理合作平台，双方同意：初期每年定期会晤一次，建立常态化会晤机制。在市场准入方面，双方欢迎符合条件的台资或陆资保险业机构进入设点或参股，秉持审慎原则循序渐进，扩大两岸保险合作。在2015年第三次两岸保险监理合作会议上，两岸就保险合作，共达成3项共识：一是保险监理议题经验分享；二是持续推动两岸保险业务往来；三是通过两岸监理平台机制持续沟通交流。大陆将一些自贸区（在上海、广东、天津、福建等地）内对台资保险机构进行相关业务的扩大开放，并承诺，对符合条件的台资保险机构给予必要支持与协助。

（4）京台保险合作呈现日益密切的发展态势。台资保险机构进入北京，与布局大陆其他城市处于同时期。京台保险合作在共同遵循《海峡两岸金融合作协议》和《海峡两岸保险业监督管理合作谅解备忘录》的框架下，通过不断健全完善合作机制，保证各项合作顺利推进。目前，京台在保险市场信息互通分享、保险人员往来、反保险欺诈和跨境风险防范等方面的交流都卓有成效，为京台持续性扩大和巩固保险合作奠定了良好的基础。自2000年开始，国泰人寿、新光人寿和富邦产险就已在北京设立了代表处。当时，第一批在大陆设立代表处的台资保险机构主要涵盖国泰人寿、新光人寿、富邦人寿、台湾人寿、富邦产险、明台产险、友联产险、国泰世纪产险等。目前，在北京地区的台湾地区资金保险机构办事处（代表处）主要包括：台湾中寿获准设立北京办事处、台湾台银人寿保险股份有限公司北京代表处、台湾人寿保险股份有限公司北京代表处、台湾万达保险经纪人股份有限公司北京代表处。

外资保险机构设立代表处的职责是负责调查市场情况、收集行业信息，主要经营从事与隶属外国（地区）企业有关的非营利性业务活动，不直接开展业务。台资保险机构入京，以设立代表处为起点，协助总部在大陆再设立合资公司，拓展更大的业务范围。以富邦人寿北京代表处为例，富邦人寿北京代表处自成立以来，积极协助总部开展业务，在其协调下，富邦人寿先后对大陆保险机构进行了股权受让。2015年年底，中国保险保障基金将所持有的中华联合保险60亿股股份在北京金融资产交易所有限公司（以下简称北金所）挂牌出售。2016年年初，中国保监会批复同意富邦人寿受让股份高达10亿股。2018年年初，中国保险保障基金将所持有的中华联合保险5.6335%股权转让给富邦人寿，富邦人寿再度接盘，持股比例上升至12.1652%。通过深度参股大陆保险机构，台资保险机构取得了良好的发展成果。

从实践层面看，京台保险业互通共享合作逐步加深并持续推进。在两岸保险业合作日益推进的同时，两岸保险市场的保险需求也在逐年增加。目前，依托两岸旅游业务，京台保险合作已经实现了实质性的突破并不断深化。例如，针对日益增长的赴台旅游业务，需要两岸的相关保险提供就医保障。根据中国台湾旅行商业同业公会联合会统计数据显示，至2014年年底，大陆旅客赴台旅游因紧急就医未结算费用，已过亿元（新台币）。以往的情况表明，受伤的大陆旅客离台后，医药费追讨困难，跨海诉讼障碍较大。基于此，两岸保险业加强互通合作，已成大势所趋。根据中国台湾旅行商业同业公会联合会北京办事处发布的公告要求：2015年10月1日起，参加旅游团递交入台证申请的游客必须同时附上已购买入台签证保险的证明。2016年4月1日起，大陆居民签证台湾个人自由行需要提供符合要求的旅游保险单。公告还提供了在台协助单位及大陆地区保险机构名单。其中，涉及与台资保险机构合作的北京保险机构。具体事项如表3-1所示。

表 3-1 京台保险合作(旅游保险)具体事项

台湾地区协助单位名称	北京与台湾地区合作的保险企业	合作事项	合作协定
台湾远盟康健科技有限公司	中国太平洋人寿保险股份有限公司北京分公司 中国太平洋财产保险股份有限公司 华安财产保险股份有限公司 美亚财产保险有限公司 浙商财产保险股份有限公司 信泰人寿保险股份有限公司 天安财产保险股份有限公司 英大泰和财产保险股份有限公司 天安人寿保险股份有限公司 紫金财产保险股份有限公司 阳光人寿保险股份有限公司北京分公司 中国人寿保险股份有限公司(北京) 平安财险定损理赔服务中心 中华联合财产保险股份有限公司 安盛天平财产保险股份有限公司	协助单位应依法执行协助义务,具体事项:针对大陆地区游客旅游伤害及突发疾病提供医疗保险	《大陆地区人民来台从事观光活动投保旅游伤害及突发疾病医疗保险在台协助单位处理原则》
台湾旅行业品质保障协会	中国大地财产保险股份有限公司北京分公司 永安财产保险股份有限公司北京分公司 利宝保险有限公司		
联合国际服务股份有限公司	安联财产保险(中国)有限公司		
香港商国际思奥思有限公司台湾分公司	中国人民财产保险股份有限公司(云霄客户服务中心) 永诚财产保险股份有限公司		

资料来源:根据旅游网资料整理。

从业绩表现上来看,京台保险业合作,为台资保险机构实现了较好的收入目标。由于台资保险机构具有成熟的业务团队,入驻大陆市场,通常进行整体建制地平移,因此,台资保险机构在北京保险市场中得到了迅速发展,目前已实现较好的业绩目标。以中国台湾最大保险经纪集团——永达保险为例,永达保险将发展重点移向大陆市场以来,阶段性的成果显著。永达保险在大陆的参股经纪公司永达理保险已在北京等 12 个大陆重点城市设立了分支机构。永达理保险提供的数据显示,北京作为其重点开拓的市场,2017 年全年的保费业绩超过 2 亿元。

3.3.3 京台证券业合作现状

京台证券业合作主要表现为京台资本市场合作。在资本市场领域,北京和台湾地区的合作一直处于积极的探索与尝试状态。从2008年签署《海峡两岸证券及期货监督管理合作谅解备忘录》开始,京台资本市场的合作始终得到高度的关注。自2008年后,台湾地区先后六次发布了企业上市的规定,例如,取消大陆和外资企业募集资金的用途限制,对面额10元的股票,松绑了限制。目前,台湾金管当局已经允许台资企业可以与大陆企业合资设立公司,出台了开放大陆持股超过30%的企业可以申请上市等相关规定。

京台资本市场探索双方合作的具体路径是:以中关村高科技产业领域为主体,以"新三板"市场为平台载体。中关村具有多层次的资本市场体系,融资方式兼具丰富性与灵活性,尤其是以"新三板"市场最为具有代表性。2006年推出的"新三板"市场,诞生于中关村科技园区,后续经历了两次扩容。2013年1月,北京"全国股份转让系统"(即原"新三板")正式挂牌。目前,它是全国性的第三家证券交易场所(与沪深交易所并列),企业范围已经覆盖大陆所有的省份。截至2017年年底,在"新三板"挂牌的企业总数超过11 600家,成为中国资本市场的重要组成部分。继上海、深圳之后,北京成为具有全国性股权交易市场的国内第三个城市。对于北京与台湾地区资本市场合作的可行性而言,"新三板"市场可以有效构建多层次、立体化的科技金融服务体系,促进京台两地高新技术企业迅速融入彼此的资本市场,实现挂牌上市。长期以来,中关村一直致力于建设具有全球影响力的科技金融创新中心。作为中国"硅谷"的中关村,在引领国内企业科技创新方面,成效极为突出。与此同时,在国内资本市场持续扩大开放的历史机遇中,中关村资本市场在科技金融创新建设方面,需要全面升级科技金融管理创新与融资模式创新。中关村需要加强与台湾地区经济的合作,通过京台中小企业相互挂牌上市,一方面,借助台湾地区资本市场的创新优势,持续优化"新三板"市场的资本结构,增加高科技企业的比重;另一方面,建设并完善多层次的资本市场,借助台湾地区资本市场实现升级科技金融的战略目标。

"新三板"市场是中国创新驱动战略的重要举措,会给中国大陆及台湾地区广大中小企业提供多元化的资本市场融资路径选择。因此,"新三板"市场是京台证券市场的合作的一条重要探索路径,未来可以实现京台资本市场的双赢结果。基于此,"2014年京台资本市场合作发展论坛"在京举行。论坛由北京市台办、北京市金融局、中国台湾股权投资协会等相关机构共同承办,是首次北京证券机构联合中国台湾证券交易所等相关台湾地区证券机构,在中关村软件园举办,标志着京台资本市场开始探索合作发展的具体方向。京台双方交流了中国台湾地区资本市场的特色与竞争优势。以期搭建京台资本市场合作发展的平台,旨在探讨中关村"新三板"市场与中国台湾地区资本市场如何优势互补、寻求合作共赢的发展方式。

在实践层面,早在2010年,京台已经开启了资本市场合作的历程。2010年11月24日,在中国台湾证券交易所,神州数码公司发行的台湾存托凭证开始进行买卖,成为第一家在台湾地区上市的中关村概念公司。随后,台资企业也开始涉足北京的资本市场。2013年5月28日,在北京的台湾乐升公司(归属于台湾乐升科技),在中关村"新三板"市场挂牌上市,成为台湾地区第一家在北京上市的台商概念公司。从总量来看,当前在台湾上市的大陆企业有34家,其中,科技产业类企业数量高达50%。与中关村区域的创新企业具有相同的特点,也是北京与台湾地区在创新产业领域探索资本市场合作的优势所在,双方具有良好的合作基础,为京台资本市场合作开启了可行性的具体方式。

从远期发展来看,京台资本市场为未来的深化合作规划了可实施的路径,双方计划搭建京台资本市场合作发展平台,并以两岸资本市场平台为助推力,旨在推动北京与台湾地区产业间的互利共赢式合作,尤其是推动京台创新型产业的成长与壮大;以促进式、共赢式的发展方式,推动相互间的产业合作、企业投资与企业并购;通过资本平台的深化合作,满足京台企业互相挂牌上市与融资的需求。具体而言,从参与北京资本市场的投资与发展方面,台资企业可以积极参与中关村地区科技创新型中小微企业的创业孵化、投资合作,旨在寻求共同发展的路径;鼓励并大力支持各类符合上市条件的北京台资企业,在不同层级的资本市场挂牌上市融资。此外,北京鼓励台资证券期货类金融机构在京设立风险投资(VC)、私募股权投资(PE)等证券机构。以此作为合作层面的前提基础,北京市还积极推动京台各类金融中介机构密切合作,支持京台两地金融交易所合作,借此共同指导京台的企业在不同的资本市场进行上市融资,尤其是进一步构建与中国台湾"金管会"、中国台湾证券交易所等权威渠道的常态化信息沟通机制,开拓具有良好成长潜力的高科技企业的资源,培育京台两地后备潜力企业,为京台资本市场的合作注入持续动力。鉴于中关村地区是高新技术企业最具集聚特色的区域,并集中了大量的股权与创投类的机构,专业人才聚集态势凸显,股权投资环境优越,基于北京中关村地区资本市场的显著优势,京台两地的企业投资合作,计划率先在股权和创投领域进行优势共享,先试先行。

3.4　京台投融资合作的发展现状

3.4.1　台资进入北京的发展机遇

1)台资对大陆的投资动机发生转变,逐步进入华北区域

我国改革开放以来,两岸对外贸易一直呈现着"台湾接单、大陆生产、出口美欧"的贸易模式,但当前出现以下情形:第一,随着国内生产

成本大幅增加,以寻求国内低劳动成本为投资动机的台商在大陆的经营变得非常困难;第二,大陆厂商国际竞争力的增强,部分大陆厂商成为台商的国际竞争对手;第三,欧美国家市场疲软及"再工业化政策"下部分资本和厂商回归。这些情形使原有贸易规模大幅缩小,原有贸易模式受到很大冲击。台商必须寻求新的发展道路。20世纪80年代以来,进入大陆的台商已经在上海、广东、江苏、浙江等地形成一定规模的产业集聚,主要从事制造业的加工生产组装等加工贸易,随之而来的台资银行也同样集聚在这些地区,但台资在大陆的华北地区和中西部地区的投资极少。

随着台资投资动机的变化,台商逐渐向中西部与京津冀地区转移。以台资对大陆投资的密集期——2013年的统计数字来看,其主要的投资动机如图3-2所示。

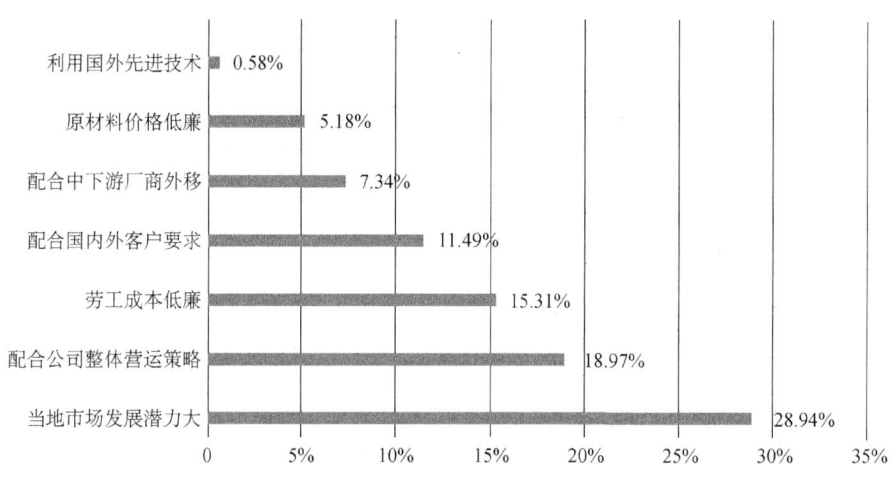

注:其他动机占比12.19%。
资料来源:台湾地区"经济部投资审议委员会".2014年对海外投资事业营运状况调查分析报告[C].2014.

图3-2 2013年台资在大陆投资的动机

上述台资企业投资动机调查数据显示,基于成本考虑的投资动机(劳动力成本、土地、原材料成本)已不再是企业的重要考量因素,其投资动机占比呈下降趋势。在各项投机占比中,未来的市场发展潜力,高达28.94%,占比上升至第1位。配合公司整体运营策略的投资动机占比高达18.97%,占比上升至第2位。大部分台资企业已经将中国市场视为企业全球经营战略的重要组成部分。与此同时,配合中下游厂商外移及国内外客户的要求也是台资企业决策的重要影响因素。

除此之外,当前台湾地区投资行业已经开始大量向现代服务业领域进行投资。而北京、上海、广东等发达城市,虽然成本日益上升,但从市场发展趋势看,这些发达城市是内地现代服务业重点布局的地区,具有独特优势,因此吸引大量台资向这些城市重点转移。数据显示,台商在北京设置营业总部的比例为43.48%。台商在北京、上海设立营销中心的比重分别为65.22%和64.79%。可见,京沪是吸引台资的地缘优势地区城市。

从上述分析可以看出,随着台资投资开始转向开发内地市场,所投资的产业向服务业转变,台资开始进入以京津冀为主体的华北市场区域。

2) 京台两地高端制造业发展的趋同性

2008年金融危机以来,发达国家重新意识到先进制造业对经济发展的重要性,重新制定了先进制造业发展战略,将发展战略能源、绿色低碳、航空航天、研发等行业作为重点发展产业,数字化制造、机器人和网络发展、"互联网＋"等成为新的发展焦点,并通过多种方式试图获得全球未来先进制造业发展的控制权。

台湾地区由于岛内经济发展面临困境,也开始重新考虑产业发展布局。绿色能源、观光旅游、生物科技、精致农业、医疗照护和文化创意六大产业目前是台湾地区重点发展的产业。台湾当局明确提出:生物科技产业方面,要通过强化产业化研发、成立相关机构,由基金带动民间资金投放;绿色能源产业方面,要以技术、投资、环境发展、内需扩大及出口扩展等策略,发展太阳光电、LED照明、风力发电、氢能及燃料电池、生质燃料、能源通信及电动车辆等产业发展;精致农业产业方面,以优势农业生物技术、推动休闲农业新经营模式,拓展老年、节庆与礼品等新市场;观光旅游产业方面,要打造国际观光据点城市、加强服务改善观光产业经营体制,培养国际观光人才,深耕客源市场及开拓新兴市场,推动旅游行业交易安全及质量查核等方面;医疗照护产业发展方面,要提高核心技术、扩充医疗服务体系、打造台湾医疗服务品牌,带动相关产业发展;文化创意产业发展方面,以华文市场为目标,加强创意产业集聚效应、扩展内外消费市场等策略,推动影视、电影、流行音乐、数字内容等旗舰产业。

《北京市国民经济和社会发展第十三个五年规划纲要》中提出,北京要发展"高精尖"经济结构,要着眼于增强经济增长动力,调整三次产业结构,推进产业功能化、功能集聚化,加快形成创新引领,技术密集和高端价值的经济结构,促进首都经济更为平稳、健康发展。从具体来看,北京要大力发展战略性新兴产业,如电子信息、生物医药、新能源、智能制造、航空航天、新能源汽车、轨道交通等战略性新兴产业,积极推进第五代移动通信、未来网络、可穿戴医疗设备、基因检测、3D打印、第三代半导体材料、智能机器人等领域发展。结合《〈中国制造2025〉北京行动纲要》的指导框架,北京将聚焦新一代信息技术、新材料技术、智能制造、生命科学等创新前沿领域,率先布局,加快突破,取得一批拥有自主知识产权的原始创新成果。重点布局领域包括:超导材料、纳米材料、石墨烯、生物基材料等新材料产品;高端软件、智能硬件、高性能集成电路等信息技术产品;干细胞、靶向药物、医学影像精密仪器等生物医药产品;北斗导航、无人智能航空器等尖端航空航天产品。掌握一批达到世界先进水平的关键核心技术,培育一批国际知名品牌和具有较强国际竞争力的跨国企业,形成一批拥有技术主导权的产业集群。深入实施《〈中国制造2025〉北京行动纲要》,聚焦发展创新。

从上述分析可以看出,北京和台湾地区的高端制造业发展方向基本一致,存在较多的合作空间。产业合作是 ECFA 的重要内容,需要通过两地产业合理布局、重大项目合作,充分发挥各自在产业基础、资源及要素方面的优势,实现两岸产业转型升级,提高产业国际竞争力,抢先获得全球价值链高端位置。

3) 京台两地服务业的互补性

2014 年以来,北京重新定位了其"高精尖"经济结构,重点发展高端服务业和高端制造业,优先发展服务经济、知识经济、绿色经济、总部经济,加快推进产业转型,加快发展生产性服务业,扩大金融、科技、信息、商务服务产业优势,形成创新融合、高端集聚、高效辐射的生产性服务业。北京"十三五"规划中,要求坚决贯彻落实《京津冀协同发展规划纲要》,强化首都核心功能,进一步提高服务业比重,使新兴产业、新兴业态、新兴消费成为首都经济的增长点,深入实施创新驱动战略,保证全社会研发费用占地区生产总值比重的 6% 左右,进一步提高全国科技创新中心的引领示范辐射作用;提高生态环境建设,加强城市治理能力,要建设国际一流的和谐宜居之都。以新兴服务业中的服务外包产业为例,北京市服务外包产业自 2006 年以来经历了规模化增长和重新布局,已有 15 家本土服务外包企业初步完成了全国布局,在各地设立全资子公司或分公司 119 家。各地的分支机构规模快速发展。博彦科技在西安建立子公司仅 2 年,人数迅速超过了 400 人;文思海辉在无锡的子公司人数也达到 4 000 人。北京企业新建分支机构向吉林、长春、沈阳、青岛、宁波、嘉兴、辽源、秦皇岛等城市扩张,已初步形成了高端业务在北京、中低端业务在外地的格局。此外,在新兴服务业方面,北京进一步推动文化创意产业的深化发展,提升品牌服务力,拓展市场主体、逐步整合优质的文化资源,提升传统优势文化产业(文化艺术、新闻出版、广播影视等),培养并不断拓宽新型文化业态(设计创意、数字出版、新媒体等),以此提升北京作为文化创意之城的竞争力,以及在国内外的文化影响力。

自2015年起,北京市获批成为国内首个服务业扩大开放综合试点城市,就开放试点的产业领域、具体开放措施和相关政府管理政策方面,出台了一系列的指导性文件(见表3-2)。尤其是在民用航空业、金融保险业、商业服务业、旅游业等几大支柱行业领域内,北京将进一步扩大开放。这种开放提供了新的市场机会,为台资进入北京市场提供了良好的发展机遇。

表3-2 北京市服务业扩大开放试点的主要领域及措施

序号	进入领域	措　施
1	建设工程设计	取消首次申请资质时对投资者工程设计业绩要求
2	民用航空业	外商投资飞机维修项目取消中方控股的限制
3	文化娱乐业	文化娱乐业聚集的特定区域,允许设立外商独资演出经纪机构,在北京市区域范围内提供服务
4	金融业	符合相关法规时,允许外资金融机构设立外资银行、民营资本与外资金融机构共同设立中外合资银行
5	保险业	允许设立外资专业健康医疗保险机构(外资持股比例不超过50%)
6	商业服务业(征信)	允许设立外商投资资信调查公司(港澳服务提供者先行先试)
7	商业服务业(会计)	允许符合条件、取得中国注册会计师资格的港澳专业人士担任合伙制会计师事务所合伙人
8	商业服务业(人才中介)	在中关村设立中外合资人才中介机构,外方合资者拥有不超过70%的股权
9	旅游业	扩大中外合资旅行社出境旅游业务试点,支持在京设立符合条件的中外合资旅行社从事除台湾地区以外的出境旅游业务
10	商业服务业(医疗)	逐步放宽中外合资、合作办医条件,调整审批权限,便利投资者申报

资料来源:根据北京商务委网站资料整理。

虽然与发达国家相比,中国台湾地区的服务业存在一些差距,国际竞争力有限,传统服务业占比较高,新兴服务业发展空间有限,但其服务业发展时间较长,具有较多的国际化发展经验。从发展的总体层面看,现代服务业是台湾极其成熟的产业,在经济总量中其增加值高达60%~70%,尤其在金融保险业、现代商业服务业都具有较强的比较优势。从市场机遇层面看,北京市服务业扩大开放试点,不断拓宽开放领域,并逐步简化政府管理措施,提高了政务的管理效率,营建了优良的营商环境,为台资在北京的经营提供了充分的便利条件。北京与台商在服务业的合作,将使台湾地区服务业得以延伸至大陆,扩大其发展空间,促进台湾地区经济增长。而北京服务业扩大开放试点会为台湾地区服务业进入北京市场提供新的机会。台资可以充分利用北京推动服务业市场开放的有利时机,实现台湾地区服务业的发展,同时也为北京服务业国际化发展提供经验借鉴。

2013年海峡两岸签署的《海峡两岸服务贸易协议》内容覆盖商业、通信、建筑、分销、环境、健康和社会、旅游、娱乐文化和体育、运输、金融等若干现代服务业。大陆对台开放承诺80条(其中78条超越了大陆在WTO的承诺水平)。若该协议后续付诸实践,将会大力支持台资有效拓展大陆市场。但台湾地区对《海峡两岸服务贸易协定》的实施停滞,使两岸服务业的合作失去了一定的发展机会。

3.4.2 台资投资北京的发展现状

京津冀协同发展总规划明确了北京四个中心定位不变,北京是"政治中心、文化中心、科技创新中心、国际交往中心",也是现代服务业发展最快的核心城市。针对北京台资企业的调查问卷结果显示,2015年北京台资企业中,现代服务业和科技企业占据主流,高达87%。这完全符合北京城市的功能定位和未来发展需要,北京未来有潜力成为台资企业在大陆北方的聚集地、台资金融投资的首选地。台资在京投资的行业概况如表3-3所示。

表 3-3　台资在京投资的行业概况

分类	北京台资企业产业分布与区域分布和行业类型	占比	备注
主要产业占比	服务业	43%	服务业与制造业是投资重点，占比98%
	工业制造业	55%	
	农业	2%	
投资分布区域	海淀区	22.7%	朝阳区与海淀区为台资主要聚集地
	朝阳区	29.68%	
	东城区	7.61%	
	其他区	40.01%	
主要行业类型	现代制造业、现代服务业、高科技产业、文化创意产业、都市型现代农业		
主要台资企业	台北富邦银行、呷哺呷哺、旺旺集团、富士康科技集团、统一企业、国泰人寿、新光海航人寿、SMIC、联发科技、宝岛眼镜、芳草地、威电子、紫玉山庄		

资料来源：根据《台商投资北京指南》资料整理（电子资讯时报社有限公司、北京京台科技创新合作促进会网站）。

以呷哺呷哺为例，它是较早进京的台资现代服务业企业，也是大陆第一家快速休闲火锅连锁企业，1998年在北京西单明珠餐厅成立第一家店。它持续经营态势极为良好，从2011年起，连续荣获"北京十大商业品牌""北京餐饮十大品牌""北京餐饮企业（集团）"50强等多项荣誉称号。它以北京市场为起点，截至2006年共计扩张到了554家连锁店，目前已成长为中国餐饮百强企业。

有数据表明，北京市台办的调研数据显示：2006年台资在京投资企业数量达到2 300余家。

3.4.3　北京台资企业的融资现状

基于问卷调查的北京台资企业的融资现状，为了解在京台资企业的实际融资现状，研究团队设计了"北京台资企业"调查问卷，并就问卷内容作了统计分析。问卷调研主要由第三厅服务机构和北京"台盟服务处"完成发放，共计发放问卷350份，回收率为47%。回收率不够充足的主要原因在于：京台两地存在"不明朗的政策因素"，台资企业言论谨慎，尤其是对公开自身的经营情况较为保守。但该调研仍真实有效。问卷分为"客观内容"与"主观内容"两大部分。回收的问卷统计情况如下(客观内容):

(1) 问卷所涉及的台资企业类型:

问卷所涉及的台资企业类型,包括制造业、商业零售业、食品科技业、传媒业、金融业、现代农业。按企业类型归类,被调查的台资企业类型中,现代服务业(零售、传媒、金融)占比62.5%,制造业占比12.5%,科技(食品科技、现代农业)占比25%,如图3-3所示。

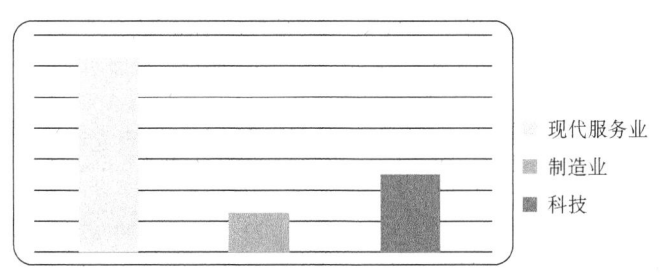

图 3-3 台资企业的类型(问卷图)

(2) 目前台资企业自有资金构成:

涵盖:台资全资子公司(台资母公司)、台资个人独资企业、台资主导的合资企业、陆资主导的合资企业,如图3-4所示。

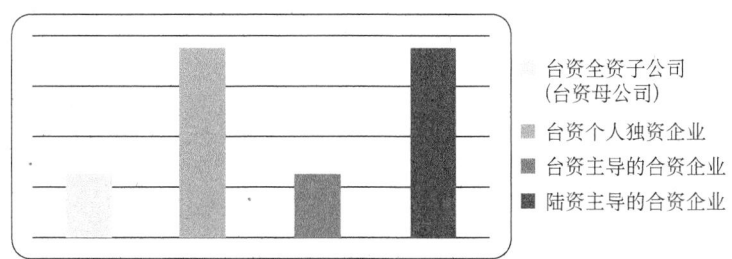

图 3-4 台资企业自有资金构成(问卷图)

(3) 台资企业在京发展期间,自有资金构成变化:

没有变化的企业占比62.5%,由台资主导变为陆资主导的企业占比12.5%,由陆资主导变为台资主导的企业占比12.5%,台资比例下降(仍主导)的企业占比12.5%,如图3-5所示。

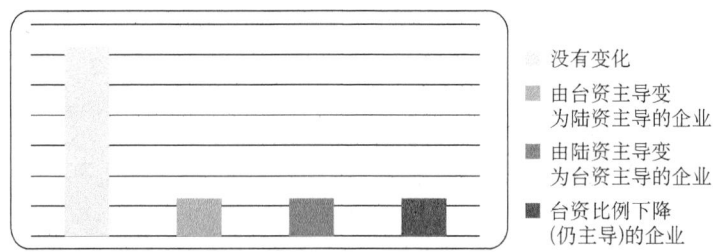

图 3-5　台资企业在京期间自有资金构成变化(问卷图)

(4)台资企业进驻北京的时间:

10年以上的企业占比37.5%,5～10年的企业占比37.5%,5年以内的企业占比25%,如图3-6所示。

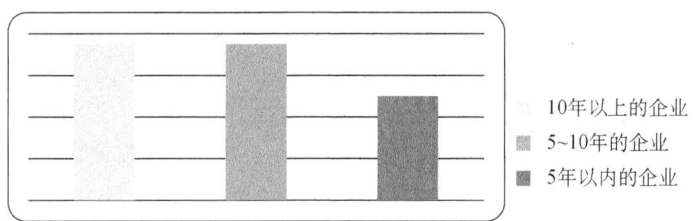

图 3-6　台资企业进驻北京的时间(问卷图)

(5)所调查的台资企业规模:

小微企业(30人以下)占比62.5%,小型企业(100人以下)占比25%,其他企业12.5%,如图3-7所示。

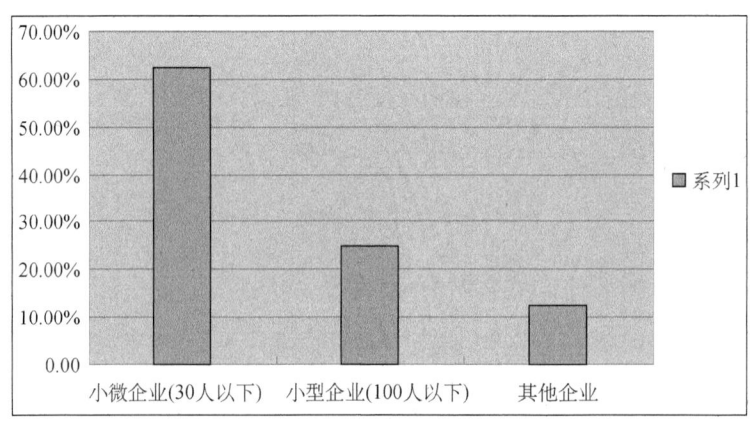

图 3-7　所调查的台资企业规模(问卷图)

(6) 台资企业 2014 年年底的资金来源构成情况:

发起人资金占自有资金总额比例为 100% 的企业占比 75%；发起人资金占自有资金总额比例为 50% 的企业占比 12.5%；发起人资金占自有资金总额比例为 30% 的企业占比 12.5%；股权融资资金占自有资金总额的比例为 100% 的企业占比仅为 12.5%，如图 3-8 所示。

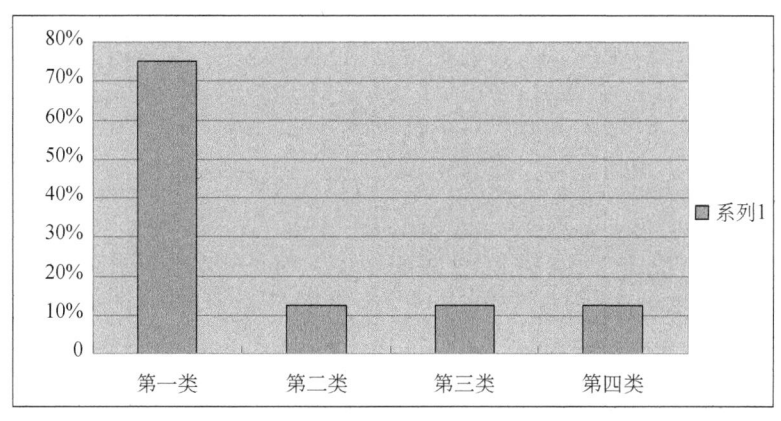

备注:
第一类:发起人资金占自有资金总额比例为 100% 的企业
第二类:发起人资金占自有资金总额比例为 50% 的企业
第三类:发起人资金占自有资金总额比例为 30% 的企业
第四类:股权融资资金占自有资金总额的比例为 100% 的企业

图 3-8 台资企业 2014 年年底的资金来源构成情况(问卷图)

上述统计结果为调查问卷的客观内容。以下是针对接受调研的北京台资企业，就金融支持与融资问题的选择，是调查问卷的主观内容部分，问卷统计结果如表 3-4 所示。

基于调查问卷的统计结果，随机调查的台资企业中，小微企业和中小企业占比接近九成。在中小企业资金来源构成中，自有资金来源 100% 的中小企业占比高达 75%。大部分企业以自有资金运营，没有取得台资金融或北京本地的金融支持。在调查的台资企业中，仅有 12.5% 的企业获得过北京本地的政策拨款或补贴。上述调查问卷统计结果表明:从企业类型方面看，北京台资企业以中小企业为主，并且现代服务

表 3-4 北京台资企业对金融支持与融资问题的观点

调查问卷（主观部分）	统计结果
1. 企业最需要的金融支持	需要便捷的金融服务的企业占 25%；需要综合的金融服务的企业占 25%；需要找到投资途径的企业占 37.5%；需要找到融资途径的企业占 12.5%；不需要金融支持的企业占 12.5%
2. 企业希望获得的资金支持渠道	希望利用自有资金的企业占比 37.5%；希望向台资银行借贷的企业占比 25%；希望向大陆银行借贷的企业占比 25%；希望发行股票的企业占比 12.5%；希望民间私募、风投的企业占比 12.5%
3. 企业目前发展是否面临融资困难	回答"是"的企业占比 25%；回答"否"的企业占比 50%
4. 企业目前融资困难的主要体现	面临银行批贷难的企业占比 25%；面临其他困难的企业占比 12.5%；其他企业空白未选
5. 造成企业融资困难的原因	企业规模小占比 25%；其他企业空白未选
6. 企业与大陆金融机构合作时存在的突出问题	认为金融服务效率低的企业占比 75%；认为金融服务项目较少的企业占比 25%；对大陆金融政策不了解的企业占比 12.5%；无合的企业占比 12.5%
7. 不对现有台资金融服务的其他意见	25% 的企业认为应加强金融自由化；12.5% 的企业对现有服务表示满意；普遍认同的观点是：尽快开放证券业务，推动台资证券业的发展

资料来源：根据调查问卷结果整理。

业企业较多。服务业是轻资产的行业，因此，服务业企业从传统融资渠道获得资金的概率较小，融资难度较大。从资金来源上看，目前北京台资企业大部分都是从岛内的总部获得资金，较少通过北京本地的融资渠道，缺乏北京本地的金融支持。由于融资比例较低，因此其负债也较少。从金融服务方面看，台资企业希望得到便捷化、综合化的金融服务。同时北京台资企业也希望可以有更为广阔的投资渠道。从经营现状方面看，台资企业普遍以自有资金进行营运，融资比例较低，利润水平也较低，充分体现了外资中小企业的经营特点。有的台资企业表示，在北京运营的成本过高，且不了解北京相关的法律法规。台资企业普遍认为，北京的金融服务效率较低。从市场开放方面看，台资企业希望能尽早开放国内的市场，尤其是金融服务、资本市场。从政策支持方面看，仅有一小部分台资企业获得过北京政府层面的资助；大部分的北京台资企业处于市场化的生存状态,没有获得过政府资助。

目前,由于金融合作不够深入,台资中小企业的融资渠道不畅通,向大陆银行和台资银行融资都存在障碍[48]。从时间上考量,虽然京台金融合作起步较早,但实质性的进程较为迟缓。加入 WTO 以后,大陆逐步开放的金融服务市场为外资金融机构提供了广阔的市场准入空间,北京是台资银行最早抢滩"登陆"的城市之一,从 2002 年起,台资银行开始跨境入京,但是后期的合作发展进程相当缓慢,明显滞后于长三角和珠三角地区,无法为北京台资企业提供有效的金融与融资服务。台资银行进京的发展步伐滞后,无法为北京台资企业提供市场化金融服务,因此,新增台资企业和以银行为首的台资金融在大陆北方的投资重心不断向天津转移,快速发展的京台经贸往来与京台金融支持的滞后性,已经成为北京吸引台商投资,以及发展对台贸易的一大瓶颈,影响了台资企业在北京的投资布局与扩张能力。总之,融资支持的缺乏和市场竞争的选择,双重因素导致了北京台资企业的市场活跃程度不断下降。根据北京市台办的统计结果,2017 年北京存量台资企业数量锐减,从高峰期注册运营的 2 300 余家,降至 800 多家,存活率仅为 30%。

3.5　京台金融合作方式小结

京台金融合作的主要方式如表 3-5 所示。

表 3-5　京台金融合作的主要方式

合作方式	具体表现形式
1. 跨境设立商业存在	这是目前台资金融保险业进京的主要方式。跨境设立商业存在主要表现为在大陆金融开放的大背景下,设立台资银行办事处、台资保险公司办事处。随着业务的发展,在相关政策的引导下,符合条件的台资银行,升格设立分行。台资保险公司则积极参股大陆保险企业。台资跨境入京设立商业存在,主要是政策主导的结果,也是台资金融进京最普遍的进入方式

(续表)

合作方式	具体表现形式
2. 跨境直接投资	这是市场引导的投资方式。北京作为华北地区的中心城市,也是京津冀最核心的城市。从企业未来发展布局考虑,台资企业通常采用跨境直接投资的方式进入北京市场,以获取未来市场发展的机会。对北京跨境直接投资的台资企业主要属于在电子与信息技术类、制造技术类以及现代服务业,并且企业类型以中小企业为主,在海淀区和朝阳区较为密集
3. 民间合作交流推介	京台合作具有独特的交流机制,即民间交流合作平台及论坛。已形成品牌的论坛为:京台科技论坛峰会,已成功举行了20届。京台金融合作论坛是其子论坛。除此之外,京台技术合作平台也涵盖了京台金融交流合作的内容,京台之间通过平台对接,对中小企业融资、国际金融、零售金融、两岸金融机构合作等领域都进行着积极的探索。目前,京台金融机构已经建立常态化的沟通机制,以合作交流推介的方式不断推动、深化和延续京台金融深化合作。京台合作,另一重要的交流平台是北京台资企业协会(1990年成立)是由北京台资企业和北京台胞组成的非营利性的社会团体法人,是大陆成立的第一家台资企业协会。北京台资企业协会具有指标性和示范性作用,在服务台商、推动京台经济交流与合作、促进两岸关系和平发展等方面起到了重要的中介纽带作用
4. 银企联合授信	即政府主导的银银合作方式。在政府的积极推动与主导下,2014年,北京台资企业协会曾和北京银行中关村支行签署了全面战略合作协议。北京银行承诺,将在3年内给予北京台资企业协会及其会员30亿元意向性授信,并在平台对接、中小企业融资、国际金融、零售金融等领域全力支持台资企业发展。但由于征信条件等诸多限制,北京台资企业实际获得贷款的数额较低,不足授信总金额的20%
5. 项目主导的业务合作	项目主导的业务合作方式,如京台保险业针对两岸旅游业的保费业务合作;台资银行业根据其国际化的优势,协助中资银行进行海外业务的开展;项目主导的业务合作属于个案合作方式
6. 创新创业支持基金	即京台全新的合作模式,载体为"创业公社"。其性质是首钢集团旗下的创业孵化器,股东由首钢基金等国企组成。创业公社已成为沟通台湾地区与北京的创业者平台。台湾创客可以共享北京创业基金,是其在北京创业的"入口"。基于此,创业公社构建了两岸创业团队服务平台。2016年年底,创业公社正式成立台湾驿站,成为京台交流的"驿站"。北京市台办首次批准了4家北京台湾青年创业基地(创业公社为其中一个)。在2017年1年的时间里,创业公社孵化了50多个台湾创业项目。同年获得了国台办海峡两岸青年就业创业示范点

结论:总之,京台金融合作仍处于初级发展状态,全面而深化的合作尚未展开,对北京台资企业金融支持有限。但随着京津冀一体化市场的发展,未来合作前景较为广阔。

第4章 京台金融合作的问题分析

4.1 京台金融合作受双重金融监管的制约

4.1.1 制度层面的显性制约因素

第一,两岸的金融监管因素。一方面,对于大陆而言,出于对金融市场的金融风险考量,在确立对外开放金融市场策略的同时,又设计了制度的约束性,即开放政策具有双重性,它是兼具约束性的开放政策,与严格的金融管制策略并行。国内金融市场的发展现状,使对外金融开放策略以渐进式的稳健方式进行推进。例如,早期的监管规定,台资银行最初只能以代表处或办事处的身份"登陆",业务范围限定为非盈利活动(金融咨询、资信收集、市场调查、业务联络等)。满2年之后(2010年以后放宽为1年),经过严格审核方可升格为分行从事商业运营。另一方面,台湾地区正处于"民主化"进程推进阶段,台资银行"登陆"需要"金管会"严格的政策管制。政治基础的缺乏、认知差异的存在,使两岸的合作始终处于自发性与单向的开放。"点对点"的项目合作,难以有实质性的进展[49]。显性与隐性的制度限制,滞后了台资银行"登陆"的进程。

台湾当局的金融政策管制条款更为严密。早在1992年7月31日，台湾当局为规范台湾地区与大陆地区人民的经济、贸易、文化等往来并处理衍生之法律事件，制定并对外正式颁布了一个律例，即《台湾地区与大陆地区人民关系条例》(以下简称《两岸人民关系条例》)，并以此为依据设置分行业的相关"办法"。立法公布后，该条例经过多次修正，在接近30年的时期里，其仍为台湾当局对两岸交流管制的重要法律之一。在此条例颁布之后，台湾当局又陆续颁布了《台湾地区与大陆地区人民关系条例施行细则》《大陆地区人民来台从事商务活动许可办法》及《大陆地区人民来台从事观光活动许可办法》等子法。条例中关于投资与金融往来方面明令禁止的规定及其对应的罚则如下：

第三十五条（投资、技术合作、贸易行为等之禁止）

台湾地区人民、法人、团体或其他机构，非经主管机关许可，不得在大陆地区从事投资或技术合作，或与大陆地区人民、法人、团体或其他机构从事贸易或其他商业行为。

前项许可办法，由有关主管机关拟订，报请行政院核定后发布之。

本条例施行前，未经核准已从事第一项之投资、技术合作、贸易或其他商业行为者，应自前项许可办法施行之日起三个月内向主管机关申请许可，逾期未申请或申请未核准者，以未经许可论。（本段为追溯条款）

第三十六条（金融保险业业务直接往来之禁止）

台湾地区金融保险机构及其在台湾地区以外之国家或地区设立之分支机构，非经主管机关许可，不得与大陆地区之法人、团体、其他机构或其在大陆地区以外国家或地区设立之分支机构有业务上之直接往来。

第八十一条（罚则三）

违反第三十六条规定未经许可直接往来者，其参与决定之人，处三年以下有期徒刑、拘役或科或并科新台币一百万元以上一千五百万元以下罚金。

前项情形,除处罚参与决定之人外,对该金融保险机构并科以前项所定之罚金。……

基于此,根据《两岸人民关系条例》的指导原则,台湾当局"金管会"推出了"金融三法",为台湾地区金融业进入大陆提供了明确的法律规范(内容也包括大陆金融业来台),涵盖银行、证券及保险业。具体包括:《台湾地区与大陆地区证券及期货业务往来许可办法》《台湾地区与大陆地区保险业务往来及投资许可管理办法》《台湾地区与大陆地区金融业务往来及投资许可管理办法》(以下简称《两岸金融许可办法》)。从早期出台的相关规定中可以看到,台湾当局一直限制岛内的金融服务业在大陆的发展,尤其是严格限制台资银业在大陆设立分行和参股内资银行,对于与内地银行业务的往来始终处于严格管制中。对于台资银行在大陆的发展,直至2010年年底,台湾当局才有了积极的态度,台湾当局"金管会"表示,将大幅检讨两岸金融业务往来限制,包括放宽台资银行大陆分行放款限额、国际金融业务分行对大陆企业授信,以及放宽银行、金融控股公司投资大陆的限额。

台湾当局对于两岸保险业的合同,实施总量管制原则,对台资保险机构在大陆设立分支机构、参股投资设置了严格的限制性条款。随着台资保险机构参股投资大陆地区的不断深入,《台湾地区与大陆地区保险业务往来及投资许可管理办法》的修正条文出台,但核准台资保险机构以参股方式投资大陆保险机构,投资大陆保险机构持股上限为25%,每年以20亿元新台币总量管制,总投资不得超过自家实收资本的10%。

有台湾相关学者明确指出,由于金融服务业具有"先行者优势",因此,政策的限制规定将成为台资银行拓展大陆市场的最大阻碍,也使台资银行在大陆的发展机会处于竞争劣势的状态。由于制度因素以及两岸之间开放的非对等性,导致两岸的合作始终处于民间自发性与单向开放的发展状态(大陆开放度更高)。基于以上分析,各种显性与隐性的制度限制,滞后了台资银行"登陆"的进程,也限制了台资银行在大陆的业务发展。

第二,两岸金融相互参股并不对称。台资金融在北京的活跃度较低,发展迟缓。其根本原因在于,两岸金融事务的合作中入股比例过低。在《两岸金融许可办法》里明确限制:大陆银行参股台资银行及金控公司的持股比例需与其他大陆投资者合并管控,单一大陆银行持股不得超过被投资台资银行或金控公司的5%,与其他大陆地区投资者则合计不得超过10%。目前,两岸金融机构最为关注的焦点问题是,互相参股问题。通过入股各自的金融机构,可以由此拓展市场,达到业务增长的目的。一方面,对台资金融而言,已经在大陆市场大面积进行拓展;另一方面,对于大陆金融而言,仍受台湾当局严格的金融管控,入股台资金融机构的比重受限较高,致使比例较低。对于台湾地区金融市场的体量而言,其业务范围难以对大陆金融机构形成实质性的引力。较严格的入股限制,无法促进大陆金融机构实施对台资银行的并购计划,因此,进一步弱化了大陆银行的参股意愿。专家预计,只有允许大陆银行的参股率达到15%才可能吸引大陆银行积极参股台资银行。因此,由于双方参股比例低,导致金融合作的业务层面不够紧密。台资无法深度参与大陆银行业务。

4.1.2 政策层面的隐性制约因素

不明朗的政策因素成为隐性的制度障碍。北京作为首都,已处于后工业化发展时期,其现代服务业已成为社会经济的主导产业,尤其是现代金融服务业是增长最快的行业。北京也是中国金融业最发达的城市之一,拥有丰裕的金融要素市场,金融总部特征突出。北京拥有的特殊金融优势以及巨大的市场潜力,是吸引外资银行入驻的最大引力要素。但北京同时也叠加并承载了更多的政治责任。虽然两岸经贸关系快速发展,但两岸的政治关系却进展有限,呈现明显的"经驰政滞"格局[49]。

京台两地"不确定的政策因素"极大地影响着台资企业现实经营中的融资需求。最突出的表现是,北京台资企业对公开企业的财务情况极其谨慎与保守,尤其是通过台湾民主自治同盟对北京台资企业发放的融资需求调查问卷,回收率不足50%,其主要原因就是企业不愿过多提及在北京的融资困境。因此,针对台资企业的有效需求,京台两地的金融合作在企业层面的联结性较弱。并且,北京是国内金融服务贸易开放最晚的城市,针对外资金融进入的制度设计方面,始终秉承谨慎监管的接纳原则。当前,北京还没有出台针对性、具体性的促进条款,来全方位接纳台资银行入京,仅是在两岸金融合作的大框架下,进行稳健开放,台资银行与其他外资银行适用同样的地方政策。由于缺乏积极性、针对性的对台开放政策,对京台金融合作形成了隐性的政策障碍。

4.2 京台金融合作受交流层面的限制

一方面,京台论坛等推介方式较少转化为实质性的合作。京台各种平台与论坛的协议性合作意向较多,但落地项目较少。北京是重要的窗口城市,从不同的主体层面(政府、行业协会、台资企业),对台资银行的引入,以及合作意向都表达了积极的态度。但在实践中,协议性合作意向较多,转化为实质性的合作项目却极为有限。近年来,京台两地举办了多届金融合作论坛。在论坛交流过程中,产生了大量的签约项目,但最后落地的实质性合作项目较少,大部分仅为意向性合作协议。虽然特色金融、两岸金融合作以及台资企业融资授信等热点问题是学者们交流讨论的主要议题,但理论层面的交流向实践领域的转换,则较为有限。由于缺乏实质性合作的项目载体,制约了台资银行的入京发展。因此,京台金融合作缺乏以企业实际需求为基础的双向实质性推介。应通过搭建政企交流的对话窗口和项目平台载体,以及在现行的监管框架内,细化对台金融合作的措施等手段来开展实质性的合作。

另一方面，台资对 ECFA 政策的解读不够深入，京台交流的深度也不够。台资可以充分利用 ECFA 带来的政策优势进入北京市场，但由于对 ECFA 政策的解读不够深入，无法真正享受到政策的红利。在 ECFA 签署时，大陆在台资金融准入方面作出了较多承诺，使给予台资金融的准入优惠条件远高于对其他国家和地区的优惠，台资企业可以充分利用这些政策优势，抓住机遇实现在北京的扩张。ECFA 框架内大陆对台金融业开放所作的承诺如表 4-1 所示。

表 4-1　ECFA 框架内大陆对台金融业开放所作的承诺

服务类型	具体承诺
保险及其相关服务	台资保险公司经过整合或战略合并组成的集团，参照外资保险公司市场准入条件（集团总资产 50 亿美元以上，其中任何 1 家台资保险公司的经营历史在 30 年以上，且其中任何 1 家台资保险公司在大陆设立代表处 2 年以上）申请进入大陆市场
银行及其他金融服务（不包括证券期货和保险）	1. 台资银行比照大陆《外资银行管理条例》有关规定，在大陆申请设立独资银行或分行（非独资银行下属分行），提出申请前应在大陆已经设立代表处 1 年以上 2. 台资银行在大陆设立的营业性机构申请经营人民币业务，应具备下列条件：提出申请前在大陆开业 2 年以上且提出申请前 1 年盈利 3. 台资银行在大陆的营业性机构具备下列条件时，可申请经营在大陆的台资企业人民币业务：提出申请前在大陆开业 1 年以上且提出申请前 1 年盈利 4. 台资银行在大陆设立的营业性机构可建立小企业金融服务专营机构。具体要求参照大陆相关规定执行 5. 为台资银行申请在大陆中西部、东北部地区开设分行（非独资银行下属分行）设立绿色通道 6. 主管部门审查台资银行在大陆分行盈利性资格时，采取多家分行整体考核方式
证券、期货及其相关服务	1. 对符合条件的台资金融机构在大陆申请合格境外机构投资者资格给予适当便利 2. 尽快将台湾证券交易所、期货交易所列入大陆允许合格境内机构投资者投资金融衍生产品的交易所名单 3. 简化台湾地区证券从业人员在大陆申请从业人员资格和取得执业资格的相关程序

资料来源：根据 ECFA 框架结构内容整理。

这些准入条件为台资进入大陆地区提供了极好的优惠条件，例如，台资银行在大陆设立的营业性机构可建立小企业金融服务专营机构、为台资银行申请在大陆中西部、东北部地区开设分行（非独资银行下属分行)设立绿色通道等。这些是 ECFA 框架内台资银行独享的权利。但目前台资银行还没有充分利用这些条件进入北京。

4.3 京台金融合作受实践层面的多重制约

4.3.1 合作机制有待进一步深化

从京台合作的整体进程来看,北京对与台湾地区的金融合作正在持续推进。但是,综观京台金融合作的发展现状,存在以下突出问题:目前,海峡两岸的合作机制主要有高层的对话磋商机制、合作交流平台、协议性合作框架等相关内容。就京台合作模式来看,其合作机制较为单一,这是影响京台金融合作在实践领域进展缓慢的主要因素,如在政府层面仅有京台金融合作论坛、在民间层面仅限于台资金融机构在北京设立办事处,业务范围仅局限于基础的信息搜集等。目前京台的金融合作机制仍有较广阔的拓展空间。

4.3.2 合作范围有待进一步扩大

当前京台金融合作仅限于金融机构间的个案业务合作,范围局限于台资资本跨境投资、台资金融机构在京设立办事处,以及京台之间贸易往来的结算等。相比其他方面的合作,较为滞后。

1) 货币互换层面,两岸货币互换协议缺位

京台金融合作,受制于两岸货币互换协议的缺位,短时间内无法大规模地展开合作。2012 年 8 月 31 日,大陆与台湾当局正式签署《海峡两岸货币清算合作备忘录》,间隔了 2 年之久,两岸货币互换协议商讨仍没有进展,对于京台金融合作的深入拓展形成政策性的阻碍,使京台金融合作只能在业务合作层面进行了探索与尝试。2014 年 10 月,第三方支付机构快钱公司(上海自贸区首批获准开展跨境人民币结算业务

的机构)和台湾地区金融机构元大银行,宣布联手开展跨境人民币支付业务,对两岸货币清算在电商领域的商贸往来进行了"试水",促进了两岸货币进一步融合。在两岸货币互换协议上,大陆监管机构较为谨慎,台湾方面较为开放。由于两岸货币国际化进程不同,以及考虑到人民币系统性金融安全的因素,两岸货币互换协议的签署进程推进较慢。两岸只有尽快签署货币互换协议,才能构建两岸资金流通的安全网。这种现状导致了货币互换手续的繁琐和汇率波动的风险,意味着台资金融机构在拓展大陆业务的同时,将承担较大的风险成本。目前,两岸货币互换协议的架构已经基本形成,不断有利好因素推进人民币国际化与自由化。2015年年底,国际货币基金组织宣布将人民币纳入特别提款权,即将人民币纳入特别提款权储备货币篮子,使人民币向国际化货币迈出一大步。这将促使大陆资本账户开放,促进汇率与金融管制逐渐松绑,逐步与国际资本市场接轨,为谈判多年的两岸货币互换协议进一步积累了有利的促进因素。

2)金融风险防范层面,两岸缺乏金融风险预警系统

随着京台双方经贸往来的规模持续扩大,以及金融领域的合作持续深化,两岸间金融风险的传导将更为直接迅速。如何构建有效的金融风险预警系统是京台两地共同面临的全新议题。京台金融法制的建设应基于两岸正常的经济合作与政治对话,而当前两岸深入合作的对话机制处于停滞态势,无法有效地推进京台金融合作的法制建设。

3)京台金融监管领域,具体的监管合作措施缺位

早在2009年,《两岸银行、证券及期货、保险业监管合作备忘录》顺利完成签署,标志着两岸金融合作将进入实质性阶段。两岸的金融监管部门可以依此确立监管合作机制,也预示着随着京台贸易、投资、旅游往来的日益密切,京台两地在货币流通、企业融资、资本市场渐进式开放,以及保险市场开拓等方面都需要金融机构双向、对等、直接、全面的往来合作。但由于京台金融合作在市场层面实质性合作步伐进展缓

慢,目前,京台金融监管合作的具体措施仍处于缺位状态,因而影响了台资来大陆投资的渠道。例如,大陆地区与台湾地区在证券监督管理及信息披露方面存在的固有差异,如果监管合作措施缺位,必然会对台资企业未来的信息披露造成一定的不利影响,直接影响到台资企业在北京资本市场的融资,加大台资企业在大陆资本市场的融资难度。

4) 资本市场领域,北京融资平台对台资企业的惠及度较低

在股权合作上,京台确立了以中关村"新三板"市场为合作平台的载体,旨在为台资科技型中小企业提供融资平台。在实践层面,北京台资中小企业涉及农业、制造业、服务业等所有产业层面,需要京台双方探索更广阔的融资渠道,搭建更多融资平台。"新三板"市场从原本仅提供北京中关村、上海张江、武汉东湖、天津滨海等四个高新区内企业挂牌的试验性交易所,跃升为全国性证券交易所后,《国务院关于全国中小企业股份转让系统有关问题的决定》规定,境内符合条件的股份公司均可通过主办券商申请在全国股份转让系统挂牌,公开转让股份,进行股权融资、债权融资、资产重组等。无论是哪种所有制形式,包括台资企业,以及符合股转系统条件的股份有限公司,其股票都可以在"新三板"市场挂牌并公开转让。但目前北京资本市场对台资企业的惠及力度有限。由于资本市场融资的特殊性,针对台资中小企业没有差异化的融资制度安排,与其他外资同等要求,条件较为严格,而更多的融资平台尚未形成。因此,台资在北京的资本市场中受惠有限。

此外,两岸对企业投融资的政策导向不同,限制了台资企业在北京的融资渠道。一方面,大陆支持包括台资在内的外商投资企业拓宽融资渠道。2017年年初发布的国务院《关于扩大对外开放积极利用外资若干措施的通知》中明确指出:支持外商投资企业拓宽融资渠道。外商投资企业可以依法依规在主板、中小企业板、创业板上市,在"新三板"市场挂牌,以及发行企业债券、公司债券、可转换债券和运用非金融企业债务融资工具进行融资。另一方面,台湾"经济部投资审议委员会"

(简称"投审会")限制企业对华投资与上市融资,甚至纳入台湾地区对大陆投资的"禁止类"范围,加以严格限制。其主要的依据为《台湾人民与大陆地区人民关系条例》《在大陆地区从事投资或技术合作许可办法》与《在大陆地区从事投资或技术合作审查原则》。由于对投资范围作了限制,政策性风险阻碍了台资投资大陆市场的发展。而非"禁止类"的一般类项目,属于常规的制造业和服务业,不具备太多的业绩优势以及融资优势,因此,台资在北京资本市场的融资发展较为缓慢。除政策问题外,境外股东核查、关联交易和同业竞争等仍是台资企业大陆上市不得不面对的问题。目前,仅有部分台资企业在大陆完成融资上市,例如,台资企业鼎捷科技在大陆创业板成功上市,台资企业艾艾精密工业输送系统(上海)股份有限公司日前在"新三板"市场成功挂牌,成为在大陆"新三板"市场上市的第一家台资企业。2018 年年初,富顺新型包装材料股份有限公司也在北京隆重挂牌。截至 2016 年 12 月 31 日的统计资料,在大陆上市的台资企业一共有 26 家。在 2014 年至 2016 年的 3 年间,仅有 7 家台资企业在沪深交易所上市,如表 4-2 所示。

表 4-2　2014—2016 年台资企业在沪深交易所上市情况

企业名称	上市融资平台	上市时间	所属行业
鼎捷软件	深交所创业板 A 股	2014 年 1 月	软件服务
华懋科技	上交所主板 A 股	2014 年 9 月	汽车行业
弘讯科技	深交所创业板 A 股	2015 年 3 月	仪器仪表
亚翔集成	上交所主板 A 股	2016 年 12 月	工程建设
元祖股份	上交所主板 A 股	2016 年 12 月	食品饮料
哈森股份	上交所主板 A 股	2016 年 6 月	纺织服装
优德精密	深交所创业板 A 股	2016 年 9 月	专用设备

资料来源:台资企业在大陆上市的统计与浅析[EB/OL].https://www.sohu.com/a/133263367_482481,2017-4-11/2018-8-7.

5)经贸领域,京台离岸人民币清算中心的构建滞后

2011年,台湾当局发布《台湾办理人民币业务的说明》,将发展人民币离岸中心列为"努力目标"。这是台湾金融当局首次正式表达类似的期望。2012年《海峡两岸货币清算合作备忘录》签署。目前台湾地区的人民币清算机构为中国银行台北分行,于2012年年底取得授权。从2011年开始,两岸多次围绕清算协议磋商,但由于涉及内容庞杂且敏感,至今未达成共识。与此同时,自2010年以来,人民币在离岸市场的自由使用程度不断提高。随着人民币国际化进程的快速推进,人民币跨境结算的数额持续扩大。北京作为全国重要的金融中心,从交易量来看,北京地区跨境人民币结算业务位居全国前列。截至2017年,在北京地区跨境人民币结算业务涉及国家和地区多达198个。目前在台湾地区人民币存款余额已经高达3 223亿元。人民币海外支付的便利性正在逐年提升。虽然台湾地区人民币存量呈现出井喷式发展的态势,但台湾地区金融业仍以内生发展为主导,无法发挥金融中心的辐射作用,仅限于台湾地区银行业处理人民币业务,如人民币兑换、人民币汇率期货、人民币期权、人民币债券、人民币基金、人民币保险等投资产品不断丰富。在过去的20年期间,京台两地的贸易热度不断提升,贸易额增长近12倍,京台进出口交易量逐年提高。但北京与台湾地区的货币性交换相对较少,限制了人民币存贷款、贸易融资、发行人民币债券等离岸金融清算业务的深度合作,同时对京台两地投资贸易便利化、推动京台经贸关系的发展也形成了阻碍。

4.4 京台金融合作需要破解企业的融资难题

一是北京台资企业的融资渠道闭塞,市场活跃度不断下降。北京台资企业融资难是一直存在的问题,也是制约企业成长的重要原因。京台之间需要加强金融合作,改善台资融资难问题,破解企业的融资瓶

颈。针对北京台资企业调查的统计结果表明,随机调查的台资企业中,小微企业和中小企业占比较高。大部分台资企业以自有资金运营,缺乏台资金融或北京本地的金融支持。总之,融资支持的缺乏和市场竞争的选择共同导致了北京台资企业的市场活跃程度不断下降。北京台资企业无法充分获得台资金融机构的资金融通和金融服务。因此,台资企业迫切需要北京的金融市场提供相关的金融服务和融资保障。但这些台资企业以中小企业为主,受资质限制,融资能力较弱,严重影响其生产运营,因此,需要多措并举,多方面深化京台金融合作。

二是京台金融合作对中小企业的金融支持较少,无法破解融资难题。我国经济对外开放以后,北京市是最早引进台资金融机构办事处以及台资企业跨境投资的城市之一。经过若干年的发展成长,台资企业在北京市场上的渗透已经日益增强。在北京的营商环境中,台资企业根植于北京市场本土性的特征日益显现,在与本地企业合作以及扩大在京经营规模方面保持了持续性的增长。目前,台资企业在北京金融市场进行融资与其他本地企业一样,适用相同的审核标准与审核程序包括:对企业主体资格的认定、企业内部规范性运营、企业盈利能力、企业资质等方面进行审计。部分北京台资企业经营稳定,保持持续盈利,已具备北京本土企业的特征。与大陆企业相比,台资企业内部管理能力较强,对外贸易市场表现良好,整体企业运作的规范性较高。并且,台资企业法制意识较好。但是,北京台资企业的发展面临着融资难的问题。在实际经营中,台资企业得到大陆银行贷款的概率较低。通常是自带资本入京或由台资企业总部划入,可获得的经营资金有限,缺乏多渠道的融资来源。在现有的监管框架下,基于谨慎性监管原则,京台金融合作,需要秉承共赢的总体原则,实现合作层面质的突破。

三是京台金融合作联合授信意愿较低,服务中小企业的能力较弱。当前,北京的金融市场是以金融总部机构高度集聚为主要特征。而金融总部的业务职能较低,政策指导性的职能较高。因此,一方面,存在总部经济的限制因素,对与台资银行的合作意愿较低;另一方面,在大数据为授信基础的新经济背景下,台资中小企业缺乏在北京的信用资质,尤其是真实的资质情况较难辨别。因此,北京的金融机构对与台资银行联合授信、服务台资中小企业的积极性较弱,多采取意向性的授信方式。因信用资质缺乏,导致台资企业在北京银行获得融资的难度较大。由于京台金融主体协议性授信合作的意向较多,实践层面的执行率不高,客观上也影响了台资银行入京的发展进程。并且,由于京台两地金融合作的实质性进展缓慢,进一步加深了企业融资难的困境。目前,台资中小企业融资难的现状仍无法有效解决,台资企业大部分仍以台湾总部的自有资金来源为主体,融资渠道较为单一,向大陆银行和台资银行的融资都存在障碍。虽然北京作为京津冀的核心城市,但是由于京台金融合作进展缓慢,已经处于被台资金融边缘化的态势。此外,台湾当局的政策性因素也使北京台资企业普遍隐名投资,这也是导致台资企业自有资金比重过高的重要因素。

第5章 京台金融合作新模式的选择——基于优化企业融资模式的视角

5.1 基于间接融资的京台银行业合作

5.1.1 技术合作引领贸易融资创新方向

台湾地区银行业在中小企业融资、消费金融、财富管理等业务领域的经营管理水平和产品服务创新均具有显著优势。一方面,由于台湾地区银行业的服务质量和产品创新较早与国际金融接轨;另一方面,台湾岛内银行业的竞争激烈提升了银行产品、服务、经营和监管水平。

以服务中小企业融资领域为例,台湾本土建有中小企业专业银行和信用保证基金,拥有科学、健全的中小企业信用评级模型,因此,企业可以根据业务发展需求,从银行获得贸易融资、周转融资、保证业务等多元化的融资服务。以富邦华一银行的贸易融资业务为例,银行不仅接受不动产作为抵押品,同时也接受企业使用存货、预付款、应收账款、现金流等准资产进行融资。具体形式如表5-1所示。

表 5-1　贸易融资的主要业务种类

业务种类	具体内容
1. 进口信用证	进口信用证是银行应国内进口商的申请,向国外出口商出具的一种付款承诺,承诺在符合信用证所规定的各项条款时,向出口商履行付款责任。它可以增强客户企业在贸易中的信用度,贸易有所保证。它使商业信用变成银行信用,帮助企业在有效控制货权、装期以及货物质量的同时,缓解资金积压
2. 出口信用证	出口信用证是指出口商所在地银行收到开证行开来的信用证后,为出口商提供的包括来证通知、接单、审单、寄单、索汇等一系列服务。它作为风险较低的国际贸易结算工具,减少企业开支,使企业贸易更具保障,缓解企业的资金需求压力,企业收到信用证可向银行进行融资
3. 福费廷	福费廷又称包买票据,系指包买商(通常为商业银行或其附属机构)向出口商无追索权地购买已经承兑的并通常由进口商所在地银行担保的远期汇票或本票。它使出口商企业可以享受固定利率和无追索权贴现,将风险转嫁给银行,缓解企业的资金压力,提高资金流动性,使信贷交易转为现金交易
4. 保函	银行保函业务是指银行应客户的申请而开立的有担保性质的书面承诺文件,一旦申请人未按其与受益人签订的合同的约定偿还债务或履行约定义务时,由银行履行无条件担保责任。融资类保函,如备用信用证等
5. 应收账款融资	应收账款融资是主要的融资产品,即企业将应收账款按折价销售给银行,满足融资需求,该部分融资款在一定时限内以收回的账款进行偿还。银行以借款人提供的信用状况良好的应收账款,按适当比例对借款人进行融资。待账款到期按时收回后抵冲借款余额
6. 国内外保理	保理即企业将未到期的应收账款转让给银行,银行为企业提供融资、应收账款担保、应收账款管理和催收等综合服务的业务。在确认没有贸易纠纷的情形下,买方企业的信用风险完全由银行承担,增加公司资金周转能力。如果客户企业急需资金,银行可以根据保理额度先行垫款融资,满足企业的资金需求
7. 票据贴现	银行可以购买客户企业未到期银行承兑汇票或商业承兑汇票并向企业发放贷款。贴现业务手续方便、融资成本低;企业可以预先得到银行垫付的融资款项,提高资金周转速度和利用效率
8. 国内发票融资	在国内商品交易中,如果企业因应付、应收周期不匹配而产生营运资金周转需求,可以以采购或收款时开立的增值税发票为凭证,并将未来销货时的回款为保证向银行申请短期应付发票融资及应收发票融资款项。国内发票融资适用资质佳、上下游均拥有一批稳定优质客户,采购来源稳定,销售渠道顺畅的企业。国内发票融资可以让企业提前获得回款资金,让资金使用更有效率,从而获得更大的收益

近年来,北京地区中小企业数量增长迅猛,融资需求不断增加,急需引进专门针对中小企业信贷及风控管理的先进经验。可见,台湾地区银行业的业务优势恰可为双方技术合作创造良好的空间。北京银行

业应加强与台湾地区银行业的技术合作,创新金融产品,为两地企业融资需求服务。

另外,关于两地技术合作值得一提的是,北京地区中小型银行应是京台银行合作的主要对象。因为中小型银行具有两大显著优势。

1) 关系型融资优势

中小型银行业务多具有地域性,组织相对扁平,信息传递速度快,有利于中小型企业和台资企业进行融资。

2) 与台资银行互补发展的意愿更强烈

相比五大国有银行、大型股份制银行,北京地区中小型银行在资金规模、经营范围、人才技术等方面均存在劣势。而台湾地区银行业具有较先进的经营模式、优秀的管理人才,因此两者的合作涵盖最佳合作点和更多共同利益。

5.1.2 银团贷款业务合作降低京台两地中小银行贷款风险

银团贷款又称为辛迪加贷款,是指在相同贷款条件前提下,多家银行依据同一贷款协议,按照商定的期限和条件,由选定的代理行向借款企业提供授信业务。贷款服务对象多为有巨额资金需求的大中型企业、企业集团和国家建设项目。

相对本地企业而言,银行业为异地企业授信往往会存在更加严重的征信难问题,授信风险也要远远高于本地的企业,主要原因在于银行机构对本地企业的经营状况更为了解,这能较好地解决信息不对称带来的逆向选择和道德风险等问题。但对于异地企业,银行对该企业经营和信用状况的了解相对不足,征信难度就会陡然提高,银行须定期安排专业人员考察企业经营情况,或通过设立银行办事处、分行等形式,否则很难解决征信困难的问题。

台湾地区和北京的商业银行通过组成银团对企业进行联合授信,通过同业协作调整和优化信贷结构、防范和化解风险,既解决了企业融资难问题,又可以提升两地商业银行的竞争力。

5.1.3 股权合作助推台资银行入股北京地区银行

目前股权合作是台湾地区银行业进军大陆金融市场的一个重要途径,即购买并持有大陆银行机构的股份。按照合作层次的不同,两地股权合作具体可划分为:总行、单一业务和全业务三个层面。其中,总行层面允许对方股东加入,会带来银行注册资本和资金实力的增加;单一业务层面,银行通过分拆部分业务及相关资产,与合作银行共同组建新的、具有独立法人资格的合资银行。

从实际情况来看,发展单一业务层面的股权合作更为有利和可行。因为,总行层面的股权合作,当引进股权超过一定比例时,将很难获得两地监管机构的许可;全业务层面的股权合作,不仅投入资金规模大,风险较高,而且会带来母公司与合资银行之间的激烈竞争。而单一业务层面的股权合作,投入资金规模较小,还可以充分利用双方在业务领域的优势互补性。目前,北京银行业主要为股份制,已具备良好的外资参股条件和完善的股权框架。京台两地银行业通过开展股权合作,既可利用北京地区银行业的网点优势、区域优势,也可利用台湾地区银行业开发创新金融产品的经验,以及为台商服务积累优质客户资源。

自 2010 年 1 月 16 日《海峡两岸银行业监督管理合作谅解备忘录》生效后,又相继签署了《两岸经济合作架构协议》《海峡两岸货币清算合作备忘录》和《海峡两岸服务贸易协议》等,让台资银行在北京地区取得优于其他外资银行的条件。国务院于 2015 年 10 月 27 日颁布了《关于在北京市暂时调整有关行政审批和准入特别管理措施的决定》,截至 2018 年 5 月 5 日,在北京市范围内暂时调整有关行政审批和准入特别管理措施。在金融业准入和限制方面,根据现有规定,北京限制外商投资银行,比如单个境外金融机构及被其控制或共同控制的关联方作为发起人或战略投资者向单个中资商业银行投资入股比例不得超过

20%,多个境外金融机构及被其控制或共同控制的关联方作为发起人或战略投资者投资入股比例合计不得超过25%,投资农村中小金融机构的境外金融机构必须是银行类金融机构。试点期间,北京允许外资金融机构设立外资银行、民营资本与外资金融机构共同设立中外合资银行。① 这为京台两地银行业合作创造了更为有利的政策环境,逐步提高了京台两地金融合作力度,向实现互利共赢的目标迈出一大步。

5.2 基于直接融资的京台证券业合作

作为台湾地区规模最大的交易所,台湾证券交易所于1962年正式开业,它也是台湾地区唯一的证券集中交易场所,为证券商提供场地设备及服务,供其竞争买卖上市证券,并办理成交、清算、交割等业务。台湾证券交易所采用的是典型的竞价制度的公司制模式,在发展过程中已由最初的人工结算交割方式发展成电子交易。通过证券交易所进行交易的市场也称集中交易市场。

台湾地区柜台市场,在1988年设立之初旨在为公开发行,但尚未上市的公司开拓股票交易渠道,因长期辅助上柜股票转板为上市股票,被视作上市前的"预备市场"。1994年11月,台湾当局将柜台买卖服务中心(以下简称"柜台中心")改制为由台湾证券交易所、台湾证券集中保管公司、台北市证券商同业公会、高雄市证券商同业公会联合组建的独立非营利财团法人,采用电子化方式进行交易。柜台中心的交易模式以竞价制度为主、做市商制度为辅。在柜台中心上柜的股票又分为主板、中小板、创业板和国际板。

作为新开发的股票市场,兴柜市场的成交方式以经纪或自营的议价

---

① 北京将允许外商独资开设银行、演出经纪机构等.中国新闻网(http://www.chinanews.com/m/cj/2015/10-27/7592316.shtml).

为主。与以往未上市、上柜的股票交易以"盘商"为中介相比,兴柜市场保障了交易合法性,为交易提供了安全平台,将未上市、上柜股票纳入制度化管理。兴柜股票是指经过柜台中心依据相关规定核准,在没有上市、上柜挂牌之前的普通股股票,其公司满足完成申报上市或上柜辅导契约的先决条件,需先在证券商营业处进行议价买卖。投资者如需进行兴柜股票的交易,应透过合法的证券商完成,而兴柜市场保障了兴柜股票的发行公司信息公开、交易市场信息透明及结算安全便利等权益。

台湾地区多层次资本市场主要由集中交易市场、柜台市场和兴柜市场构成,这三个市场相互关联。企业所在市场直接与企业经营状况相挂钩,实现优胜劣汰制度,有效地控制市场风险。当挂牌企业满足台湾证券交易所或柜台市场的财务标准,并在兴柜市场进行交易满6个月,即可提出转板申请,获批准后即可升入上一级市场。而当企业出现经营不善,利润明显下滑等现象时,则会有被降入下一层次市场的风险。这种制度不仅可以满足不同发展阶段企业的融资需求,还可以培养企业由低至高顺利转板。

台湾集中交易市场、柜台市场和兴柜市场在台湾金融部门的干预下,形成了层次分明的递进式分布,即"兴柜—柜台—台交所",使中小企业在转板过程中,更加熟悉资本市场运行规则和相关法律条文,公司财务信息更加透明公开化。该过程有利于投资者充分了解未来即将上市或上柜的公司,提高股票交易速度,完善价格发现机制。这一过程有助于企业资本规模扩张、信用提升,有效解决企业,尤其是中小微企业的融资难题。

北京地区企业的外源直接融资来源主要借助于多层次资本市场体系。该市场包括场内市场和场外市场。其中,场内市场的主板(含中小板)、创业板和场外市场的新三板、区域性股权交易市场、柜台市场,共同组成了我国多层次资本市场体系,满足不同成长阶段和发展特征的

第5章 京台金融合作新模式的选择——基于优化企业融资模式的视角

企业的融资需求。

经过多年的发展,京台两地证券柜台市场已经积累了丰富的市场运作经验,但目前两地合作空间深度和广度均有不足。近年来,随着北京台资企业和在台京资企业的数量增加,融资需求逐渐扩张。京台金融合作应加强京台两地证券业合作,打造成独特竞争优势的区域性资本市场体系,尤其在柜台市场层面加大合作力度,更好地解决在京台资企业和在台京资企业的融资需求和便利性问题。

1) 目标模式

借助京台合作先行先试的政策优势,积极学习并引进台湾地区柜台市场交易机制的先进经验,以非上市公司股权为服务对象,加快构建京台两地联合的非上市公司股权柜台交易市场,试图建立海峡两岸统一的柜台市场,为北京台资和在台京资的非上市公司的股权融资、转让提供平台。

2) 基本原则

京台证券柜台市场合作借鉴台湾经验应遵循以下4个原则:①差异化,为满足特定层次主体的投融资需求,京台证券柜台市场着眼于基础市场,在柜台公司、监管等制度设立上凸显比较优势。②低门槛,柜台交易市场的定位应服务于中小企业,尤其是北京的台资中小企业,其进入门槛应远低于交易所市场,更倾向于柜台企业的成长性。③规范化,保障柜台企业合法有序经营,加强做市商的责任,有效防范和规避企业经营风险。④严格监管,加强对柜台企业的监督管理,可有效降低证券柜台市场风险,确保证券柜台市场平稳运行。

3) 市场构架

台湾地区柜台交易市场由上柜交易市场和兴柜交易市场构成,两者具备不同的准入门槛,互补性地为不同规模、不同发展阶段的中小型企业提供股权融资平台。构建京台两地联合的非上市公司股权柜台交易市场,可按上柜交易平台、兴柜交易平台和产权交易平台三个层次来建设,前两者主要交易标准化的股权,后者主要交易非标准化的股权。三个交易平台在企业融资过程中扮演的角色和分工,如图 5-1 所示。

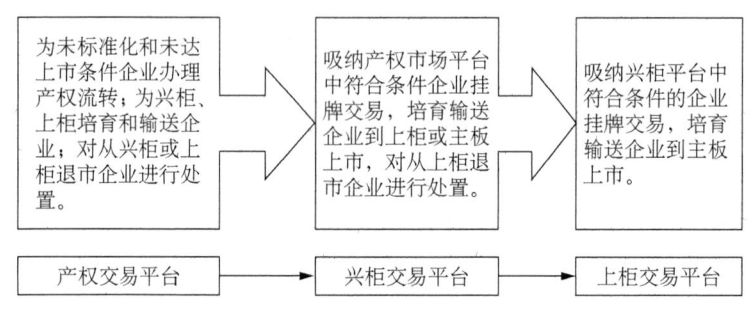

图 5-1　京台合作共建的证券柜台架构

4) 市场体系

(1) 准入门槛。上文提及京台两地联合的非上市公司股权柜台交易市场试图按照三个层次构建,每一个层次具有不同的准入门槛。①产权交易平台准入门槛最低,标准化要求程度最低,只要权属清晰即可,因而可供交易品种也最多。②兴柜交易平台可从产权交易平台中挑选,经营时间 1 年以上、连续 6 个月盈利、已申报上柜辅导的企业,经两家证券公司保荐且承诺在兴柜交易中心购买一定数量的股票。该制度既降低了中小企业进入兴柜交易市场的难度,又保障了企业不会因为信用和经营风险而被频繁下柜。③上柜交易平台准入门槛在三者中最高,其作为证券交易所的预备役学校,实施较严格的准入条件是十分必要的,可参考台湾地区目前的标准,从资本规模、员工人数、成立时间、企业获利能力等条件进行规定。

(2) 交易机制。产权交易平台、兴柜交易平台、上柜交易平台同样对应三种不同的交易机制。①产权交易平台应采取现场议价的交易制度,因为该平台企业风险最大,如果采取非现场的计算机撮合交易,那么市场失败的可能性很大。②兴柜交易市场应采用以电脑议价点选系统为核心的做市商制度,因为该平台企业的规模和盈利能力一般、股东分布相对集中,做市商交易模式可以缩小买卖价差,降低交易成本,为市场提供更好的流动性和稳定性,具有竞价交易模式难以比拟的内在优势。③上柜交易平台,公司有较大企业规模,有稳定的盈利商业模式,采用传统议价交易和竞价交易机制并行的模式。

(3) 信息披露。当前证券柜台市场由于发展时间不长,市场仍不够完善和成熟,拟挂牌企业自身在公司运营、资金规模、自主创新能力等方面仍存在较多不足。在柜台市场建立之初,较严格的信息披露制度有力地保护了企业发展,降低了市场风险,提供了健康平稳的市场环境。而当柜台市场发展逐渐成熟,可以适当放宽信息披露,以使更多的中小企业的筹资需求可以得到满足。

(4) 自律监管。信息披露的监管主要由台湾证券管理委员会负责,整个监管机制较为集中,在证监会的监督下,由柜台交易中心制定信息披露的规则并监管实施的实际情况。在设计监管机构上,可借鉴台湾地区监管制度的经验,聘请台湾地区柜台交易专家,设立并参与上柜交易平台、兴柜交易平台、产权交易平台的外部监管。

5.3 基于产融结合的企业融资模式选择

5.3.1 产融结合理论与实证分析

1) 产融结合模式对于台资中小企业的融资借鉴

在现实经济中,资金融通是企业保证可持续发展与壮大的第一推动力,稳定的资金来源至关重要。前述分析已经表明,北京的台资企业在发展中遇到的最大障碍就是融资渠道狭窄,尤其是初创期与成长中的企业,大部分以自有资金,即内源性融资为主体,主要是依靠自我积累、自我筹资方式融资。目前,在北京市场中生存的台资企业,在其发展与成长的过程中,融资方式的选择通常是遵循先"内部融资"后"外部融资"的优序理论,即先是内源融资,再是外源融资。内源融资是台企首选的一种融资方式。其融资能力取决于利润水平、净资产规模和投资者预期等,内源融资供给无法保证企业资金需要时,才会转向外源融资。总体上,北京台资企业融资途径极为单一,严重制约了企业的发展与壮大。如何进行多元融资选择,找到合适的融资组合方式,对台资企业的生存与发展至关重要。因此,在实际的企业运营发展中,需要全面理解不同融资方式的深层次机理。基于此,深入研究产融结合模式的融资原理,可以为台资企业拓展融资选择的思路,从而采用合适的融资组合模式,提供积极的借鉴。

(1) 债务融资与股权融资的机理分析。由于在企业发展和生产规模扩大的过程中,单纯依靠内源融资无法保证日益增长的资金需求,尤其是日益壮大的成长型中小企业,因此,获得资金主要途径应依赖于外源融资。融资方式越多意味着可供企业选择的融资机会就越多。在实践中,资金融通的外源性融资方式具有多种形式。按照惯例划分,根据外源性融资的来源渠道,分为债务性融资和权益性融资。前者包括银行贷款等,后者主要指股票融资。债务性融资构成负债,企业要归还本息,但债权人对企业没有决策权。权益性融资是指向其他投资者出售股权,它会分散企业的决策权。如果企业能够运作多种方式进行融资,意味着该企业拥有更多的机会筹集到生产经营所需资金。虽然外源融资选择的融资方式有多种,但企业通常是遵循先选择低风险类型的债务融资,后选择发行股票等方式。但高风险债务比率的提高会加大企业的财务风险,而股权融资偏好可能导致资金使用效率降低。并且,在企业经营业绩没有明显增长的前景下,新的股权融资会稀释企业经营业绩,降低每股收益,损害投资者利益。因此,股权融资偏好并非是最佳选择。

综上所述,企业在融资过程中通常会面临这样的问题:股东权益与财务成本的取舍。完全选择借贷融资可以使原始股东的股东权益不受影响,但会增加企业的财务成本,延缓企业扩张速度。完全选择股权融资,可以降低企业财务成本,但会让原始股东股权因股权比例降低而丧失部分股东权益。因此,选择合适的融资模式越来越被企业及原始股东所重视,尤其对成长速度较快的中小企业来说,显得更为重要。

(2)产融结合模式的现实意义与价值。产融结合时代已经到来。产融结合是现代社会经济发展的主要特征和基本趋势。现代经济发展中,产业资本与金融资本结合日益紧密,这是生产力发展的内在要求,也是社会经济和现代化大生产发展到一定阶段的必然结果。产业资本和金融资本的有效结合可以降低产融交易成本、提高资金配置效率,达到资源优化配置和股东投资收益最大化的目标。产融结合是产业资本发展到一定程度,寻求经营多元化、资本虚拟化,从而提升资本运营效率的有效途径,也是股东取得权益最大化的保证。因此,从提升产融结合度的视角,选择适合两岸企业发展的融资规模和融资方式,构建金融合作新模式显得尤为重要。产融结合影响企业的融资结构,可以优化债务性的融资金融。产融良性互动,保证实体经济做强做大。在企业的动态发展层面,对于不同发展阶段的企业,融资策略需要相机抉择。通过产融结合优化调整,可以充分发挥金融和产业协同、共享、互补作用。因此,企业应运用产融结合,解决自身问题,优化融资结构,破解企业信贷约束难题。

2)产融结合度的衡量与企业融资模式选择

产融结合的含义及实现途径。产融结合(combination between industry and finance)是近几年提出的新概念,在企业战略研究中被频繁地提及,是管理理论和金融理论的有效融合[50]。其含义主要包括两个方面:一是广义产融结合。在经济发展过程中,产业资本与金融资本基于整体利益,通过股权融合、债权债务关系、合作经营、利润共享和人事参与等方式达到的内在结合;二是狭义产融结合。表现为产业吸纳金融资本或金融资本吸收产业,形成的产业资本或金融资本的战略决策。

现实经济生活中,狭义产融结合只有在资本重组和企业并购时才会发生,广义产融结合较为普遍,本书研究的是广义产融结合。

产融一旦结合就具备了渗透性、互补性、优化配置性和双向选择性等特征。渗透性表现为,产业资本和金融资本通过参股、控股、资源共享和人事参与等方式实现的结合。在一定程度上,资本相互渗透到了另一资本结构中,体现出较强的渗透性;互补性表现为,两种资本结合的优势互补。产业资本优势在于,对生产技术及创新、经营管理与决策、产业发展方向的把控等方面。金融资本具有资金资源的优势,能提供企业发展所需要的足够资金,因此,双方的结合有助于实现优势互补。产融结合实现了资源的优化配置表现为,利用市场机制达到了生产资源的最优配置,提高了资源利用效率;产融结合选择性表现为,通过市场手段实现的两种资本结合,是在公开透明情况下,根据各自的经营发展需要和判断标准,进行相互选择后的结果,因此它具有双向选择的特征,而无外界干扰。综上,产融结合是产业资本和金融资本发展到一定程度的产物,是两种资本借助产融结合寻求经营多元化,以及产业升级和资本升级的一种方式。通过产融结合,可以在较短时间内,实现规模经济优势,使产业资本和金融资本得以迅速发展壮大,最终实现产业扩张和资本增值的目标。

实现产融结合有多种途径,从影响股东权益和经营发展两方面分析,可归纳为两种途径:债权债务关系实现的产融结合和股权融合途径实现的产融结合[51]。

途径一,债权债务关系实现的产融结合。实现的途径分为两种:一是借贷方式实现的产融结合。即企业以贷款形式获得其生产经营所需要的资金,以支持企业发展对资金的需要。其优点是不改变原始股东的股权比例,不影响股东中长期权益。缺点是基于资产规模和经营状况等限制条件,中小企业难以获得所需要的足够资金。并且,借贷资金的价格较高,影响企业经营成本和盈利能力,也影响短期股东权益和企业发展速度。二是债券融资方式实现的产融结合。目前国内符合债券发行条件的中小企业可以直接发行债券。达不到发行条件,可以通过集合发债方式发行债券。两者相比,相同的是,都需要还本付息,不影响企业原始股东的中长期股东权益。不同的是,一般债券融资相比借贷融资的期限长、利率相对低,对原始股东短期权益影响小,企业还本付息压力较小。因此,企业可以作长期资金规划。

途径二,股权融合途径实现的产融结合。具体表现为,产业资本出让部分股权,获得金融资本的进入,获取企业需要的长期资金。其优点在于,通过增资扩股实现企业经营资本的迅速扩张,获得企业发展所需要的长期资金,同时,股权转让获得的资金,不用还本付息,降低了企业经营成本,提高了经营实力和盈利能力。缺点在于,稀释原始股东的股份,降低了原始股东的控股地位,在某种程度上影响了原始股东的长期股东权益。

上述两种是实现产融结合的主要途径。在现实经济中,企业通常根据实际情况,两种途径结合使用,即同时采用债权债务关系和股权融合两种方式,在满足资金需要的同时达到股东权益最大化。

3) 产融结合模式与目标选择

对应上述产融结合实现途径,可以概括为三种产融结合模式:单纯融资模式、股权置换模式和综合融资模式。

模式一,单纯融资模式。它是企业通过债权债务关系实现的产融结合。这种模式下,企业利用资产抵押、信用担保等方式,从银行、信托或投资公司等金融机构获得企业发展所需要的资金。由于债权债务关系所使用的借贷方式和发行债券方式,还本付息期限相对较短,融资成本也较高。因此,这种模式下企业基于短期财务目标,以短期财务损失保证长期股东权益,解决发展过程中必需的资金增加。

模式二,股权置换模式。企业通过增资扩股,吸收金融资本参股,获得所需资金。中小企业通过私募发行或公开发行,出售公司股份,获得资金。这种模式可以低成本获得企业长期发展需要的资金。基于此，企业能够进行低成本扩张，实现规模经济。这种模式下，企业基于长期目标，短期内以牺牲股东相对权益为代价，获得快速成长和长期发展，最终获取股东绝对权益成倍增长的空间。

模式三，综合融资模式。企业利用债权债务关系和股票融资相结合的方式，同时进行融资，均衡企业短期财务目标与中长期股东权益。既可以先进行一定量的股权融资，然后利用股权质押或资产抵押方式，再进行一定比例的借贷和债券融资；也可以先进行私募股权融资，符合公开发行条件后，再上市融资。这种模式，可实现资金偿还期限、价格以及成本的合理均衡，从而兼顾企业短期目标和长期目标。

综上所述，企业对产融结合模式的选择，主要考虑两个目标：一是企业财务目标，即企业生产经营的规模扩张和盈利能力的大小；二是股东长期权益最大化。最佳的产融模式是同时达到企业经营效率的最大化和股东长期权益的最大化。

4）产融结合模式效率评价指标及评价模型

最佳的产融结合模式，是由最优的产融结合度来决定的，产融结合程度所决定的融资存在着最优比例。这一比例由企业规模、盈利能力、行业属性以及生产技术水平等因素共同决定。最佳的产融结合度从宏观层面，可降低交易费用，提高资源配置效率，获得规模经济优势，发挥企业协同效应。实现规模、盈利能力和竞争力的提升。从微观层面，适度的产融结合，能获取股东权益最大化[52]。

（1）产融结合度的内涵。产业资本与金融资本有多种结合方式，从原始股东视角，金融资本的形式主要有股权类投资、债券类融资，金融机构和民间资本的借贷等，归结为两大类：一是不改变股本结构和数量，但影响企业当前损益，需还本付息的借贷类融资；二是改变股本结构和数量，不需要还本付息，但参与公司分红，从而影响股东未来权益的股权类投资。前者被称为广义的借贷资本，记为 K_1，后者被称为广

义的股权投资,记为 K_2。两者之和为企业的融资总额,记为 K_0,则有:

$$K_0 = K_1 + K_2 \tag{1}$$

将企业融资总额与总资本的比值定义为产融结合度,记为 D。得到:

$$D = \frac{K_0}{K} = \frac{K_1 + K_2}{K} = D_1 + D_2 \tag{2}$$

其中,K 为企业总资本,D_1 与 D_2 分别为借贷融资度和股权融资度。

显然,D 值大小与融资总额呈正比,与企业资产总额呈反比。产融结合度越高,企业融资比例越大,财务杠杆效用也就越大。

单纯融资模式条件下,只采用贷款和债券融资,公式(1)中,$K_2 = 0$,$K_0 = K_1$,公式(2)中产融结合度 D 完全取决于 K_1,即 $D = D_1$。显然产融结合度等同于资产负债率。过高的产融结合度,凸显了企业的经营风险和财务风险,也增加了融资难度,影响企业经营发展,并危及股东权益。

股权置换模式条件下,公式(1)中 $K_1 = 0$,$K_0 = K_2$,公式(2)中产融结合度 D 完全取决于 K_2,即 $D = D_2$。显然,资产负债率低,在经营管理过程中,难以发挥财务杠杆效应,影响企业盈利能力充分发挥,最终影响股东投资收益最大化。

综合融资模式条件下,K_1、K_2 都不为 0,在产融结合度一定的情况下,两者呈反向关系。基于此,一旦确定了产融结合度,两者的比例选择成为关键,直接影响着企业生产经营发展与股东权益的均衡。

(2)产融结合模式效率评价指标。无论是企业生产经营者还是企业的投资者,最终的目标是从企业发展中获得收益。而收益的获得取决于企业生产经营规模、盈利能力(如产值与利润)和股东股本投资回报。生产经营规模由资本和劳动力等生产要素规模决定,资本扩张能力越强,生产规模增长的速度越快。公式(1)中 K_1、K_2 无论是用于补充流动资金,还是进行固定资产投资或技术改造,最终将转化为生产要素,形成生产要素量的增加,促使生产规模扩大。具体表现为企业产值和利润的增加。如果企业所处的行业利润率一定的情况下,利润与产值同向变动,产值变化就体现为利润变化。产值变化率可以表现为,由资本扩张带来的生产规模扩张能力和盈利能力。产融结合产生的资本扩张同样可以用产值增长来描述,产值增长越高代表这种产融结合模式效率越高。因此,产值是评价产融结合模式效率的重要指标[53]。

影响投资者从企业获得收益的另一个因素是股权比例。在企业盈利一定的情况下,投资者所占企业股份比例越高,所获得的投资收益越高。产融结合模式的选择对股东投资收益的影响体现在,产融结合度的值,特别是 K_2 值的大小。K_2 值越大,说明股权融资比重越大,原始股东的股份稀释程度越高,对应原始股东股本投资回报会相应减少。当股本扩张速度太快,产融结合度超过一定比例,以至于企业利润的增长率低于股本扩张速度,将会导致所有股东股本投资回报的减少和企业投资收益率的下降。对投资者来说,这种产融结合模式的效率较低。适度的产融结合度对应的产融结合模式,会使所有投资者的股东股本投资回报都会提高,对于投资者而言,这种产融结合模式的效率较高。所以,股东股本投资回报的高低可以衡量产融结合模式效率的高低。为方便研究,不考虑股票增值带来的收益。

(3) 基于产融结合度的产融结合模式效率评价模型。基于上述分析,不同产融结合度对应的产融结合模式,效率各不相同。最高效率的产融结合模式表现为,同时取得最大产值与最大股东权益的长期均衡。可利用柯布—道格拉斯生产函数分析这个过程[54]。为研究方便作以下假设。

假设短期贷款用于流动资金使用,不作为企业固定资产投资。

用 t 表示技术系数,$t = K/L$,若企业生产过程的速动比率为 q,则在 1 年期的生产过程中,这部分贷款实际发挥的作用为原来的 q 倍。

第 5 章 京台金融合作新模式的选择——基于优化企业融资模式的视角

即 qK_1。

先求某个产融结合度下的最大产值：

将 C—D 生产函数[55]，$Y = AK^\alpha L^\beta$，用 $t = K/L$，代入得：

$$Y = AK^\alpha \left(\frac{K}{t}\right)^\beta = At^{-\beta} K^{\alpha+\beta} \tag{3}$$

然后，假设最初资本为 K^0，现进行借贷融资 K_1 和股权类融资 K_2，公式(3)变形为：

$$Y = At^{-\beta} \frac{K^{\alpha+\beta}}{K^{\alpha+\beta}} \cdot K^{\alpha+\beta} \Rightarrow Y = At^{-\beta} \left(\frac{K}{qK_1 + K_2 + K^0}\right)^{\alpha+\beta} \times K^{\alpha+\beta}$$

$$= At^{-\beta} \left(\frac{1}{qD_1 + D_2 + \frac{K^0}{K}}\right)^{\alpha+\beta} \times K^{\alpha+\beta}$$

令 $m = At^{-\beta}$，$n = (\alpha+\beta)$，而 K^0/K 可以视为融资后原资本的降低比例，可视为常数，记为 k，上式整理得出：

$$Y = m \left(\frac{1}{qD_1 + D_2 + k}\right)^n \times K^n \Rightarrow \ln Y = -mn \times \ln(qD_1 + D_2 + k) + mn\ln k \tag{4}$$

对公式(4)求 Y 最大值 $\text{Max}(Y)$，就是产融结合度 D_1 和 D_2 下的最大产值。若每年净利润分红比例不变，则股东股本投资回报与净利润呈正比。当净利润取得最大值，股东投资回报最大。设净利润为 L，某一企业规模效益的利润率为 l，贷款利率 r，则净利润 L 为产值与对应净利润率的乘积减贷款产生的利息。在资本产值比率 $c = Y/K$ 不变的假设下，$Y = cK$。得到利润 L：

$$L = Y \times l - rK_1 = cK \times l - rK_1$$
$$= c(K_1 + K_2 + K^0) \times l - rK_1$$
$$= (cl - r)K_1 + clK_2 + clK^0$$

$$= (cl-r)K \times \frac{K_1}{K} + clK \times \frac{K_2}{K} + clK \times \frac{K^0}{K}$$

$$= -(r-cl)K \times D_1 + clK \times D_2 + clk \times k_0 \quad (5)$$

对公式(5)求 Max(L)，即为对应不同产融结合度 D_1 和 D_2 下的最大利润和股东回报。需要说明的是，对公式(5)求股东回报和净利润求最大值，难以用一般数学极值理论求解。为此，我们利用纳什均衡对此求解，将企业选择的融资数量和股权比例作为一个纯策略下的纳什均衡[56]。利用纯策略下的纳什均衡对公式(4)和公式(5)求解：

$$\frac{\partial(\ln Y)}{\partial D_1} = \frac{-mnq}{qD_1 + D_2 + k} + \frac{n}{k} = 0$$

$$(r-cl)K \times D_1 = clK \times D_2$$

联立方程组求得 D_1 和 D_2 的值即为帕累托最优解，即最佳产融结合度：

$$D_1 = \frac{cl(mqk-k)}{qcl+r-cl}$$

$$D_2 = \frac{(mqk-k)(r-cl)}{qcl+r-cl} \quad (6)$$

5）基于产融结合度实证研究的企业融资模式选择

（1）数据分析。当前，北京的台资企业，以中小企业为主。数量众多，资产规模较小，融资模式对中小企业生命周期与可持续发展的影响比大中型企业更为突出。研究中小企业产融结合模式更具有现实指导意义。目前，国内资本市场日渐发达完善，可供中小企业选择的融资模式日益丰富，途径日渐扩大。但是，不同融资模式极大影响中小企业运营效率和股东权益，确立最佳融资模式对企业发展壮大与股东权益的保护尤为重要。为此，本书选取在创业板上市的100家中小企业作为样本，选择标准为年产值在5亿元以下，资本在10亿元以下的挂牌公司。以产值、资本、净利润、速动比率和利润率等指标的平均值为依据，即以中值法为标准,选择1家最接近各项指标平均值的中小企业,以此为代表进行实证分析。[57] 从企业公开的财务资料,获得主要的分析数据,如表5-2所示。

表5-2 企业财务情况表　　　　　　金额单位:万元

年份	产值	资本	劳动(工资)	净利润	速动比率	利润率
2012	8 719.22	24 199.70	335	978.40	1.94	11.22%
2013	14 181.21	36 678.51	462	1 605.61	2.02	11.32%
2014	22 250.15	47 784.57	547	2 089.79	2.89	9.3%
2015	20 314.97	53 243.39	465	1 987.88	3.13	9.72%
2016	20 148.85	50 422.25	424	2 044.58	3.34	10.14%
2017	28 093.84	50 214.56	452	3 066.34	2.87	10.91%

数据来源:根据创业板挂牌的某家中小企业财务报表计算整理所得。

基于企业经营和货币市场利率的情况,将企业获得的贷款和债券综合利率设定为8%,根据上述相关数据,利用最小二乘法进行估计,求得生产函数中的参数值 $A=0.675\,7$, $\alpha=0.456\,6$, $\beta=0.110\,2$,计算得到 $m=0.801\,9$。如果企业要进行融资,增加资本,使原有资本占总资本比例变化为80%,即 $k=0.8$。根据上述参数数据,代入公式(6),求得最佳的产融结合度,如表5-3所示。

表5-3 最佳产融结合度计算表

指标	2012年	2013年	2014年	2015年	2016年	2017年
c	0.360 3	0.386 6	0.465 6	0.381 5	0.399 6	0.559 5
l	11.22%	11.32%	9.3%	9.72%	10.14%	10.91%
q	1.94	2.02	2.89	3.13	3.34	2.87
D_1	0.141 9	0.114 7	0.201 8	0.275 6	0.311 1	0.323 1
D_2	0.102 9	0.143 9	0.239 1	0.345 5	0.384 2	0.400 6

表中数据结果显示,最佳产融结合度与企业当前的资本规模大小以及企业的经营状态(利润率、周转率)紧密相关。以2016年为例,此时企业处于扩张期,资产规模、产值增长的速度较快,贷款和债券类融

资比例为 31.11%，股权类融资占 38.42%（其余通过其他途径获得资金，如自有资金），就取得了最佳的融资组合，对企业未来的经营和股东权益最有利。综合企业实际数据进行分析，股票交易市场中成长性较好的中小上市公司，其贷款和债券类融资比例大多数在 20% 和 50% 之间，而发行的股份绝大多数在 25% 和 40% 之间。模型计算的结果与实际情况吻合度较高，也在一定程度上验证了模型的实际效果。

（2）实证结果分析。从最佳产融结合度的计算过程可以发现，企业产品的利润率和资本产值的乘积直接影响最佳产融结合度的选择。其乘积值越高，D_1 比例就会越高，进行贷款和债券融资的比例越高。也就是说，还本付息类的负债融资，对企业生产和企业股权投资者的收益更有利。当企业产品的利润率和资本产值的乘积大于贷款和债券融资的利率时，D_2 就会小于 0，说明了如果进行股权融资，现有股权投资者的利益将会受损。

贷款和债券的利率也是影响产融结合度选择的因素之一，从模型计算中可以得出这样的结论：当贷款和债券利率较高时，贷款和债券综合利率与利润率和资本产值的乘积的差越大，D_2 就会越大，就要增加股权融资比例。但同时也有个别极端的情况出现，当贷款和债券综合利率与利润率和资本产值的乘积的差为负值时，即企业净利润远超过贷款利率，此时更应该发挥财务杠杆效应，不进行股权融资而完全利用贷款和债券融资，以及利用自有资金。这从另一角度解释了盈利能力特别强的优秀企业，拒绝进行股权融资的原因。

在利用上述模型进行实证分析时，还需要考虑到产值和股东股本投资回报。利用产融结合模式产生的资本扩张，产融结合度在某个区间内会取得最大产值，但有可能会降低股东股本投资回报。这取决于产融结合模式产生的资本扩张会在多大程度上发挥规模经济的潜力。假设在行业平均利润率一定的情况下，由于选择了恰当的产融结合度下的产融结合模式，企业扩大了规模，发挥了规模经济的效应，同时由于生产技术提高、经营成本降低等内在经济的作用,提高了产品盈利能力,同时取得了最大产值和股东股本投资回报。这种产融结合模式效率最高。相反,不恰当的产融结合度下的产融结合模式,可能产生规模不经济和内在不经济,最终导致产值增长率降低甚至负增长,以及股东股本投资回报的降低。这种产融结合模式效率极低。最高效率的产融结合模式,应同时取得最大的产值和股东股本投资回报。即企业产值增长和股东股本投资回报的长期均衡。从较长的一段时间来考察,表现为企业产值的总和与股东股本投资回报最大化。因此,对于企业而言,尤其是成长度较高的中小企业,在融资时,应该利用最佳产融结合度来决定融资比例和融资结构。

5.3.2 产融结合视角下企业融资模式选择

1）企业融资模式的选择

基于上述对产融结合度的理论分析与实证分析,结论表明,中小企业处于不同发展阶段,或者说不同规模的中小企业,最佳产融结合度的选择各不相同。通过实证研究的数据分析可以得出如下的结论:对于中小型企业,即企业资本和产值数额都较小时,表明企业处于发展的初期阶段,在此阶段企业融资能力相对较弱,能进行融资的额度也相对较低。通过外部融资的难度较大,因此两项融资比例都较低。企业更多地需要进行自筹或其他形式的资金融通。相反,当企业资本规模和产值增长较大时,融资能力也在增强,其贷款和债券的融资与股权类融资比例都会较大,企业可以通过外部融资解决发展所需要的资金。实践中,资本规模和产值较低的企业,贷款和债券类的借贷比例会比股权类融资比例高;而资本规模和产值增长较大时,股权融资比例则高于贷款和债券融资比例。究其原因,在中小型企业发展中,股权融资能降低企业经营过程中的财务成本,从而增加企业的盈利能力,原有股东稀释的股东权益可以从增加的盈利中获得补偿。这表明,中小企业在成长过程中，直接融资对企业发展更为重要。基于此，对这类中小企业放宽股权融资的限制，降低融资的难度，对企业发展具有特别重要的意义。

因此，不同的中小企业在不同的生产经营阶段，应当选择不同的融资方式。从企业长远发展和原始股东投资者的利益考虑，贷款和债券类融资虽然增加企业融资成本和财务费用，对企业利润产生一定的影响，但不改变现有股权投资者的股份比例，使现有股权投资者能够最大化分享企业成长所带来的股权增值收益。而股权类融资，可以减少企业融资成本和财务费用，低成本地获得了企业长期发展所需要的资金，但对现有股权投资者来说，却会减少未来企业成长壮大之后所带来的股权增值收益。实证研究结果充分表明，中小企业成立初期，正处于企业的创业时期，当产品的盈利能力较低，市场发展潜力较小时，由于资本规模小、产值小，利润率低，无法实现规模经济的扩张。这时则应该降低贷款和债券类融资比例，适当提高股权类融资比例。随着这类企业的发展壮大，当企业产品的盈利能力较强、发展潜力较大时，企业应适当地提高贷款和债券的融资比例，相应地减少发行股票的融资比例。

基于此，中小企业融资模式的选择，需要相机抉择。如果还本付息的借贷类融资比例高，企业财务成本就会上升，从而对企业盈利能力造成一定的影响。如果股权类融资比例高，就会影响原有股东的权益，包括企业分红派息率以及未来企业增值的资本溢价。财务状况良好、产品利润率高的中小企业，对原始股东来说，不适合进行股权融资，也不适合发行股票上市融资。当前，国内外出现的一种融资现象显示，越是成长性特别好，盈利能力特别强的中小企业，越不轻易地发行股份上市融资。即使发行股权进行融资，也将股权出售的份额控制在最低限度。合适的融资比例是，根据最佳产融结合度，选择最佳产融模式，适当地安排两类融资的比例，使企业获得最高运营效率和最大的股东投资权益。

2）最佳的产融结合度所对应的产融结合模式

最佳的产融结合度所对应的产融结合模式，就是企业取得最大的运营效率和最大化股东权益状态。但最佳产融结合度是个动态的过程，中小企业在发展过程中，需要根据不同成长阶段确定最佳产融结合度，采取不同的融资策略，还应根据宏观经济形势，特别是货币市场的情况，结合企业的经营状况（规模、产品盈利水平、存货周转率），进行动态调整，不应盲目地进行融资。过多的贷款和债券类融资，会增加企业经营的财务负担，不利于提高企业盈利能力。过多的股权融资会降低股东权益，也影响资本效率的发挥。科学合理的产融结合度，有利于中小企业可持续发展，也有利于保障股东权益，使企业和股东能够和谐、高效和健康地发展，能促使企业不断发展壮大。因此，原始股东在企业融资时，应考虑融资后股权变动对自身股东权益的影响，以此设计融资模式，以取得企业最大的运营效率和最大化的股东权益。

综上所述，产融结合度的理论分析可以为中小台资企业融资模式的选择提供良好的借鉴。对于中小台资企业而言，应在不同的发展阶段，选择不同的产融结合模式。尤其是成长型的台资中小企业，应根据自身的经营及财务状况，选择较为合适的融资方式。在发展增速较快时期，企业盈利能力不断上升，发展前景良好时，应优先选择债务筹资，增加负债比例，获得财务杠杆利益，辅之可通过发行股票、债券等融资方式筹集经营资金。盈利能力较强且具有股本扩张能力的企业，可通过股权融资（或债权融资）与债务融资两者兼而有之的融资方式筹集资金。但需要选择两者合适的配置比例。而在发展增速放缓时期，企业应减少并收缩债务融资，降低财务费用。增加股权融资的比重。但股权融资会稀释原始股东的股权，从而稀释企业的控制权，使企业所有权、控制权有所丧失，使企业原始股东利益受损，从而影响企业稳定与发展。因此，考虑到企业的控制权，要在保证企业一定控制力的前提下，既达到中小企业融资目的，又要有序地让渡所有权。总之，针对不同的融资方式,企业应优选资金成本相对较低、股东权益较高的融资方式,实施融资组合。需要说明的是,无论是股权融资,还是债务融资,都需要审慎选择。企业需要根据自身的具体情况选择合适的融资方式,并综合考量不同融资方式的风险程度。

3) 小结

本章在京台两地金融资源的差异性比较和互补性分析的基础上,立足京台金融合作现状,探讨京台两地银行机构之间合作的新模式,并基于提高企业产融结合度的视角,解决北京中小台资企业间接融资需求的选择。具体而言,京台两地银行业可以从技术合作、业务合作和股权合作等三个方面开展金融合作。中小台资企业可以从提高产融结合度的层面解决融资选择问题。

第6章 深化京台金融合作的路径与建议

6.1 建立京台金融合作的制度框架

6.1.1 京台金融合作需要法律依据与制度保障

综合考量目前京台金融合作的模式,并借鉴国内其他地区与台湾地区金融业的合作经验,结合京台金融合作的探索和实践,可以发现当前京台金融合作中存在的一些问题,决定要素应归属于制度层面的因素。因此,为改善京台金融合作的滞后状态,共同应对金融风险,并进一步深化后续京台金融合作,拓展京台金融合作的内涵及外延,应先从制度层面寻求解决方向,为京台金融合作提供法律依据与制度保障,并为京台未来可持续的金融合作奠定坚实的合作基础。从顶层设计层面提升制度力的引力,细化引入台资银行的开放策略。在制度设计上,可以借鉴负面清单管理,如签署京台金融合作负面清单协议,放宽台资银行的市场准入,并借鉴其他城市吸引台资银行的优惠措施,出台细化的政策,支持台资银行升级设立分行。由于台资银行在设立分行时,通常设立租赁公司,采用分行搭配租赁业务模式"登陆"。因此,吸引台资银行入京,需要加大北京金融市场的开放,在风险可控的前提下,适当放开金融合作的政策限制[58]。构建成熟、开放、互利、共享的金融体系,引导台资银行和其他台资金融企业进入北京。例如,鼓励京台银行机构对台资企业联合授信;扶持满足上市融资要求的优质台资企业在大陆不同层次的资本市场进行融资;享受北京地方企业的平等待遇等。需要说明的是,在扩大合作的同时,也应考虑北京的开放利益,尤其应积极细化京台金融监管的合作。根据《两岸金融监理合作谅解备忘录》的指导原则,针对银行、证券、保险等三个金融服务的重点领域细化监管条例,优化京台两地金融合作的营商环境与政策环境。具体思路如下。

1) 京台金融合作制度的构建应遵循并参照已达成的两岸"共识"

《海峡两岸服务贸易协议》是 ECFA 后续协商所签协议之一。虽然因政治因素,暂停协商,却是两岸在服务贸易市场准入领域达成的基础"共识"。因此,京台金融合作制度的建立,应遵循服务贸易协议中的共识条款。两岸服务贸易协议规定了两岸服务贸易的基本原则,未来两岸合作发展方向及相关工作机制,并明确了两岸服务市场开放清单,在早期收获基础上更大范围地降低市场准入门槛,同时为两岸服务业合作提供更多优惠和便利的市场开放措施。其中,大陆对台开放共 80 条,台湾地区对大陆开放 64 条,双方市场开放涉及服务业全部领域。京台金融合作制度的构建应参与两岸服务贸易的条款,进行具体商榷。需要说明的是,金融行业虽然归属在服务贸易的大框架内,但双方另行约定,作为金融服务贸易法人提供者,包括银行(银行机构)、证券期货公司、保险公司,必须获得营业许可并注册或登记设立且从事商业经营持续 5 年以上。服务贸易协议对金融服务贸易的法人提供者,设置了较高准入标准。"5 年期的法人提供者标准"体现了两岸对金融服务贸易市场准入者的审慎监管原则,这是京台金融合作制度建立时应优先参考并遵循的重要参照。

2）京台金融合作制度的构建应遵循并参照WTO的总体指导原则

京台金融合作制度的构建应遵循并参照WTO关于金融服务贸易的基本准则。目前，两岸都已加入WTO，根据金融服务贸易的基本准则，成员方应作出各自的承诺，并受承诺约束。因此，两岸金融主管部门有义务主动推动金融服务业自由化项目，遵守对等互惠开放原则。WTO关于金融服务贸易的五条基本准则：市场准入、国民待遇、最惠国待遇、透明度原则、逐步自由化。各成员方虽然有一定的自由裁量权，但互惠开放是WTO成员共同承诺的基本原则。因此，京台金融合作制度可以秉承WTO金融服务贸易的基本原则，以"负面清单开放原则"为基础，灵活、变通地裁量、处理京台金融合作中的相关金融事项。例如，设立京台金融监督委员会，在大的监管框架内，尽快达成区域性的金融合作框架协议，以此指导民间层面的市场合作，以自由合作、互惠互利的方式进行务实的金融合作，从而弱化政治因素的影响力。

6.1.2 京台金融合作需要明确的合作指南

京台金融合作，究其根源，是市场层面金融主体的合作方式。其合作的深度取决于京台两地更加广泛的生态环境和多种因素，并依赖于最重要的四个基础因素：政策、资本、人才和市场需求。京台金融合作也是两岸金融主体基于互惠、共赢、预期共同发展，抵御市场风险的双向选择，因此，需要政策层面达成共识，并施以正确的市场化引导。在两岸交流合作的大环境下，京台双方政策体系差异较大是客观存在的因素，为京台双方的金融业有效整合发展带来较多的不确定性。但是，为确保京台金融合作有序深入地推进，双方需要一系列具体的金融合作制度安排，为京台双方的金融市场主体划定具体而明确的合作指南，最终才能发挥市场的主动调节机制，如设定京台金融合作的风险防范规则、金融合作的平台载体、金融合作的方式、设立京台贸易结算清算中心等，通过具体的制度安排，发挥市场主体的主观能动性，在合作指南的规则下规范运作。

（1）正确解读并详细宣传北京对台资金融的市场开放政策,指导台资金融合法、合规入京。金融服务贸易自由化的推进、金融市场准入的门槛,都是多边国家宏观层面金融市场领域的规则,况且,金融服务贸易若干规则的履行和实施也在不断变化中。市场大众主体对规则的了解知之甚少,不可能完全正确地解读,因此,需要合理指导,尤其是在金融市场渐进式开放中,不断出台新规则,使金融主体也无法及时全面掌控政策的要义。台湾地区"反服贸学运"正是对《海峡两岸服务贸易协议》误读的代表性事件:台湾地区青年对大陆的认同出现偏差,在参与学运的学生中,多数学生并不了解两岸服务贸易协议,只因为就业前景悲观,即被政治因素左右了自身行为。因此,需让台湾地区青年了解北京的发展情况、北京的引资政策、就业机会与收入水平,强化京台大众层面的认知与交流。例如,让台湾地区学生了解中国的历史,向台湾地区青年推出回大陆创业的融资优惠政策,破除两岸政策差异带来的教育观念的分化,促进两岸认知层面真正的融合[59]。因此,京台金融合作需要加大政策宣传范围,通过一系列的宣传活动正确解读并详细宣传北京对台资金融的市场开放政策,指导台资金融合法合规入京,引导台资金融主体树立正确的市场认知观,以及投资北京的良好心理预期。

（2）编撰并适时推出《外资投资北京指南手册》。金融市场合作所涉及的品种繁多、政策多样,专业含量较高,因此,针对北京加大对外资金融主体开放的现状,建议由金融监管部门牵头,编撰通俗易懂的《外资投资北京指南手册》,并适时推出大众化版本;每年可以根据金融监管政策的变化以及金融市场开放步伐的推进状态,及时修订,按不同年限的时间顺序推出系列版本;明确诸多困惑投资者的问题:如怎样投资北京、主体资格是什么,哪些金融领域可以投资、金融投资的可为与不可为,怎样投资设立金融分支机构、外资中小企业创业板融资的条件,怎样进行外币互换,等等。此外,对于台资金融,还可以附加设置"额外条款",加大对台资金融的市场开放力度,增加优于WTO的承诺条款,真正使台资金融主体在北京大体量的金融市场中分享金融发展的市场成果,以真诚、共享、普惠的理念推动京台金融合作。

6.1.3 京台金融合作需要规划合作路径

1) 规划短期的合作路径

鉴于京台政策因素的不确实性以及双方认知的差异性,从短期看,京台金融合作全面展开,无法可行,但可以循序渐进,由点及面地开展合作。可率先在关键领域进行"优先试点",例如,针对台资中小企业融资的难题,京台金融机构可以联合授信。目前,在京成长性较快的台资科技型中小企业,未来增值潜力较大,可以依托中关村股权融资平台,以其为载体,为台资科技型中小企业进行量身定制,进行股权融资的试点尝试。

2) 确立中长期的合作路径

在合法合规的框架内,保障京台金融合作的秩序性,并以渐进性方式推进。基于经济一体化的战略高度、金融自由化的理念,应不断完善北京对外资的法律制度,最终实现京台金融市场融合式发展,即互相开放、互相参股、彼此共享金融资源与金融要素的合作格局。京台金融合作需要在较为完善的法律法规制度下进行。第一,健全外商投资法律,进一步扩大巩固金融服务业对外开放试点工作成果。第二,充分利用目前国内对台资的特殊优惠政策。第三,加强知识产权建设。高层次的企业间合作和银行间合作,必然会涉及企业间知识产权的交换和使用。目前,国内的知识产权保护力度与国外相比较弱,使许多企业在高端技术的应用上止步不前。北京需进一步完善知识产权立法,建立较为系统的知识产权法律法规与政策体系,加强对企业从业人员知识产权保护意识的教育,保证知识产权的正当使用,加强已有法律法规的执行力度,保证知识产权拥有人的合法权益,为台资的投入、创新,以及企业发展创造良好的生存成长环境。

3）规划未来可持续的合作路径

京台金融合作,从长远大局考量,应拓宽至文化、教育、对话沟通等更多的发展路径,以此达成更多的文化共识,为未来可持续的京台金融合作,奠定宽泛的合作基础。北京具有独特的教育资源、旅游资源、文化平台资源、对外宣传资源。北京现代服务业的快速发展,已成为年轻人创业的乐土,可以为广大台湾地区青年在北京学习、就业、创业、交流搭建更多的金融支持平台。京台金融合作的未来取决于台湾地区青年一代,京台金融合作的成果也取决于台湾地区青年一代对大陆金融市场正确的认知以及积极地参与。随着台湾地区政局的变化、政党的交叠,未来台湾地区青年一代必将登上政治舞台,成为两岸沟通的主体以及政策制定的主体。因此,无论是京台金融合作以及未来两岸交流的重点,也应转向"三中一青",即中南部、中小企业、中产阶级和青年人的就业与收入提升,特别是台湾地区的青年一代。虽然在2016年5月20日之后,两岸官方交流呈现停滞的态势,但两岸之间的民间交流并未因不同政党当政而停滞。2016年6月12日,在第八届海峡论坛上,中共中央政治局常委、全国政协主席俞正声在开幕式致辞中明确表态"大陆热忱欢迎广大台湾青年来大陆施展抱负,为他们在大陆学习、就业、创业、交流搭建更多的交流平台,同时鼓励开展两岸科技研发合作,深化两岸学术交流"。论坛的后续活动也主打"青年与基层唱主角"的基调[60]。

可见,民间、青年渠道显示,两岸的合作渠道并未中断并在积极发展。2016年5月20日前后,大陆部分地区的政策和活动也体现了这一点,岛内也有调查显示,三分之一的台湾地区青年想赴大陆发展[61]。而民间青年交流最重要的一点在于,在两岸官方沟通机制停摆后,官方不能协商的,可以通过民间渠道协商,比如旅游、食品安全等具体问题。

6.2 丰富京台金融合作的机制与平台

从民间推介层面发挥推介力的引力,提升引入台资银行的北京效应。北京城市品牌的影响力巨大,是两岸金融合作推介的重要窗口城市,涉及两岸重大金融合作的推介大部分选择在北京举行。我们应充分利用每一次对台资推介的窗口展示机会,宣传北京的引资政策、优惠措施,让台资银行全方位地认知一个开放、诚意的北京。尤其应推动京台两地的双向金融推介,为北京本地的银行进入台湾地区做积极的准备。跨境机构合作,会提供更具体、更有效的合作平台,构成牢固的、互嵌式的发展模式[62]。我们还应充分发挥北京台资企业协会的推介职能,增强推介平台的推动力和展示力。北京台资企业协会双向联结北京政府与台资企业,兼具沟通、服务、上传下达等多种职能。北京台资企业协会可以吸纳更多北京台资企业成为会员(目前已吸纳的台资企业为 300 余家),发挥京台两地金融合作的联结作用,为台资银行提供北京的政策信息、台资企业的信息、北京的市场资信等服务。具体建议如下。

6.2.1 建立常态化交流机制

两岸常态化的民间交流论坛仍在发挥着积极的促进作用。2017 年京台金融合作论坛,作为京台两地共谋金融合作与发展的品牌活动和推动力量,进一步推动了两岸经贸交流,促进了两岸金融产业互补与合作;作为京台科技论坛分论坛之一,至今已成功举办九届。建立常态化交流机制要依托现有的推介平台,在紧密交流的状态下,搭建京台青年创业就业服务平台,服务中小企业论坛等常态化的沟通交流机制;利用京台两地相近的商业文化、无障碍的语言交流、市场理念趋同的价值观,在两岸金融合作的大框架下,就平台对接、中小企业融资、国际金融、零售金融等常态化议题,进行商榷,进一步增强合作的实质性和成效性;积极探索京台合作能够可持续深化的有效新机制。

6.2.2 建立双向的宣传机制

台湾地区与大陆的金融合作以及全面的经济合作受到两岸政治关系影响非常大。自2016年台湾地区政局变动以来,台湾地区和大陆经济合作陷入一个困局,台湾地区经济受到较大冲击。同时,台湾地区内部对与大陆的经济合作的分歧很大。因此,京台金融合作应弱化政治因素的影响,在与台商的合作中要不断减少政治关系的影响,确保合作能顺利进行。为了增加两岸的理解、互信、共融,需要建立双向的宣传机制,减少误解以及政治的误读。当前,在旅游市场领域,大陆与台湾双向开放的力度较大,而北京是大陆重要的入境游接待市场,同时也是出境游的重要输出市场。北京每年接待游客约2亿人次。北京赴台旅游人数也是居高不下,是台湾地区重要的入境游来源。因此,京台之间的合作应依托双方的现代旅游业平台,着力宣传北京形象,通过旅游、教育、商业会展、洽谈会议、合作论坛等全方位的宣传窗口,感受两岸一家亲的情怀。从思想的认知层面、内心的感知和理解层面,消除政治因素带来的误解与认知问题。

6.2.3 建立京台金融合作协调小组

借鉴原两岸经济合作委员会服务贸易工作小组的模式,建立京台金融合作协调小组,商榷合作协议框架以及金融合作相关事务,处理京台金融合作相关的特定事项。由于台资金融的特殊性,许多政策和措施需要根据实际情况区别对待。中共中央台湾工作办公室(国务院台湾事务办公室)在各地都建有分支机构,这些机构在稳定和延续与台资合作方面起到重要作用。京台金融合作协调小组可以依托北京的台湾事务办公室,就台资相关事项,进行更有效率的沟通。目前,随着台湾地区一系列政策措施的实施,台湾地区和大陆的关系出现一些波动,但两岸关系和平发展的主流民意并没有改变。因此,要采取措施稳定台商投资情绪,为其在北京发展提供更多帮助。无论两岸关系如何变化,对在大陆地区合法经营的台商,其合法权益应依据法制原则,对其合法利益坚决维护。

6.3 扩展京台金融合作的广度与深度

京台金融合作需要寻求引入台资银行的合作项目,从实际合作层面增强实践力的引力。产业、投资和经贸合作规模是两岸金融合作的重要基础,台资金融机构进驻大陆成功与否的关键是明确其市场定位[63]。当前,北京的台资企业主要有两大类:一是台资科技企业;二是台资零售企业。而进入大陆的台资金融机构,由于其银行业可以混业经营的特点,能提供多元化的金融服务。因此,从产融结合的市场层面,京台企业可以在一些特定领域深入拓展合作,找到联盟的合作突破点。例如,基于新经济时代大数据的特点,构造京台一站式投融资平台,引导京台的金融资本与企业实现投融资对接;通过P2P大数据平台,实现基于项目的金融合作,并通过对融资项目的大数据有效监控,实现针对台资数据库的建设,为后续循环授信,打下良好的基础,保证优质的台资企业可以得到便利的融资支持。同时,可以筹建京台科技产业园,推出定向优惠政策,实现对台资科技企业的金融支持。总体而言,实质性项目的金融合作,是推进京台金融机构战略联盟持续性与稳定性的有效途径。

6.3.1 寻求双方共赢的合作契合点

引导京台金融机构主体服务于优势产业,促进合作共赢,可以设立产业合作基金,引导台资投入重点产业领域。总体上,京台金融合作应立足产业层面,以此为基础,制订长期合作规划。通过比较台湾地区和北京的产业未来发展规划,可以发现在重点产业规划领域,京台产业升级的目标具有较高的相似度,如信息技术、生物科技产业等高科技产业领域,都是京台两地优先发展的产业。基于目标的趋同性,京台两地可以发挥比较优势,在产业内细化分工协作,共同实现两岸产业的升级,规避重复竞争。为吸引更多外资进入,在原有产业合作的基础上应进一步加强总体规划布局,明确双方比较优势,找准定位,形成合理分工。同时,创新两岸产业合作模式,在共同投资、研发、品牌建设等方面加强合作,共同制定产业标准等,探索高科技产业合作,带动两岸产业转型升级。并且,在全球产业链和价值链重新分布的过程中,台商要充分利用北京扩大内需的趋势,将内需市场的增长作为带动两岸经济增长的新动力,深化合作形成密切产业链,促进两岸企业共同发展。具体产业领域合作如下。

1)加强高端制造业合作

首先,北京要深入实施《〈中国制造2025〉北京行动纲要》,坚持分类指导,就地淘汰落后产能,有序转移存量企业,改造升级优势企业,转换制造业发展领域、发展空间和发展动能。要聚焦发展创新前沿、关键核心、集成服务、设计创意和名优民生五类高精尖产品,实施新能源智能汽车、集成电路、智能制造系统和服务、自主可控信息系统、云计算与大数据、新一代移动互联网、新一代健康服务、通用航空与卫星应用等重大专项。

其次,台湾地区应充分发挥自身优势,找到合作的切入点。目前北京每年要召开一次综合性论坛活动,对产业合作、城市发展交流、区域经济交流和青年人才等话题进行商讨,就双方在高科技产品、新能源、生物医药、电动汽车等方面展开合作,为台资争取最大优惠政策,以及配套支持等。

2)加强高端服务业合作

京台应在高端服务业领域加强合作。首先,实现生产性服务业合作。北京生产性服务业,如金融业、商务服务业都具有一定的国际竞争力。因此,两地要找到合作切入点。其次,在信息化与工业化融合的服务领域合作。在第三产业,互联网迅速拓展了服务业的范围和空间。在旅游服务领域,艾瑞公司统计2014年大陆在线旅游电子商务交易额达到2 772.9亿元,同比增长27%,用户规模为世界第1位。最后,京台可以共同推进新经济合作领域的合作进程。例如,基于大数据的新技术、新服务、新业态,在金融、文化、旅游、能源等各个产业领域,共同创新;以现代产业为载体,推进合作进程;积极培育"金融服务+现代产业"的增长极。

3)加强京台的研发合作

台湾地区"经济部投资审议委员会"的调查报告表明,大部分台资企业的研发主要集中在总部,多数服务业企业在大陆自行研发比重低于40%,只有资讯及通信传播业、金融保险业、艺术娱乐休闲业在大陆的自行研发比重超过50%。[①]通常情况下,对于跨国企业而言,其核心的研发多集中在总部,为避免技术外溢,维护其自身的竞争优势。这是大部分企业的战略选择。因此,在此规律下,台湾企业的研究功能也大部分保留在台湾本地,对于大陆的投资,仅是全球价值链的细化和拆分,较少具有重大的研发成果。

当前,作为国内科研要素最为集聚的地区,北京和天津具有绝对优越的研发条件,吸引大批国外著名的跨国公司,设立研发总部。京台合作,可以通过高端的研发合作,充分整合京台两地优质的研发资源,在关键性的研发领域取得突破,服务于京台两地的产业升级发展。例如,构建产业联盟,吸引京台两地的直接投资,以研促产,形成京台合作的新优势。以产业研发能力的创新,吸引京台的金融资本合力向高

---

① 数据来源:台湾地区"经济部投资审议委员会"《2014年对海外投资事业营运状况调查分析报告》。

端产业注资。以此获得国际市场的先发优势,促进产融互动合作。尤其是在高端产业领域加强研发合作,促进金融与现代产业发展的良性对接。

6.3.2 拓宽京台金融合作的领域

1）合力开发新的市场

随着北京经济的发展,台资银行和北京银行有更多的合作机会可充分利用各自优势合力开发新市场,尤其是新兴的金融市场领域。随着跨境电子商务的发展,两地都将电子商务发展作为新的发展领域。2014年7月,台湾地区"经济部"发布《电子商务发展纲领(草案)》,要将台湾地区发展为亚太电子商务创新及集资的基地,并将电子商务产业作为台湾地区进军国际市场的新动力。电子商务的发展必然会对第三方支付、互联网保险、互联网融资等提出新的要求,因此两地金融业可以凭借自身优势进行合作,推出便利两岸经贸的清算业务、融资业务等。例如,利用两地银行合作协议,大陆和台湾消费者可直接利用本币进行网上购物,而在大陆或台湾的卖家直接收到本币付款,既减少了汇率风险,又便利了贸易发展。目前台湾与大陆的贸易结算合作中,有支付宝和蓝新科技、支付宝与欧付宝、支付连与腾讯的财付通合作。但这些支付结算方式可能更多适合于中小企业的小额支付,对于大笔交易限制较多,相对而言,缺乏互联网金融的深度交流与合作,合作范围小,风险监控各异。双方可以通过加强互联网金融基础设施建设方面的合作、加强互联网智能技术的应用合作、加强金融风控合作(台湾在这方面有较强经验)、加强普惠金融领域的合作,获得新的发展机遇。

另外,台湾金融业和北京金融业同样可以利用京津冀发展战略带来的商机,利用大陆"一带一路"建设的契机,与北京金融业共同加强在大型基础设施建设方面的融资合作,为台资金融机构提供更多市场发展机会。

2）开展金融创新业务

台资银行竞争实力较强，在金融产品的创新和开发方面具有独特的竞争优势，因此，北京当地银行需要加强与台资银行的合作，开展多样化业务，设立小额贷款和融资租赁方面的业务，帮助银行开拓市场。尤其是针对人民币国际化的战略，探讨双向跨境融资业务，以推进人民币国际化的金融业务，作为京台两地金融合作的服务创新；支持跨境人民币银团贷款业务，基于人民币国际化的应用，扩大对台商的金融支持。

京台两地金融业要关注北京和台湾产业合作的发展趋势，根据产业特点创新融资方式。例如，针对新能源产业的企业，设计开发支持节能减排和资源再利用信贷产品；根据高技术企业的特点，设计利用知识产权、版权等无形资产的质押贷款；根据企业在价值链上的位置，设计反向保理、利用应收账款、仓单等为抵押的贷款，为企业发展提供资金融通。要探索台资银行在北京融资租赁发展中的作用。

目前台资银行在大陆主要服务于来自台湾地区的企业，这也大大限制了台资银行的发展。与其他国家的外资相比，台资与大陆客户存在着天然的联系，使得双方可以更好地相互理解和交流，与大陆银行相比，台资银行在处理中小企业融资方面具有独特的经验。因此，台资银行可以更好地进入大陆市场，与大陆企业建立起较好的金融合作关系。要充分利用自身优势，合理利用大陆对于各种资金成立乡镇银行的鼓励政策，合理利用其独享的优惠政策，抓住机会进入北京市场。

市场中存在着无数需要资金的中小企业，它们可能是轻资产高技术企业，也可能是从事生产制造的中小企业。由于缺乏较为有效的抵押品，中小企业对资金的需求可能无法从大型银行中获取，而具有丰富经验的台资银行则可以利用其竞争优势，结合企业实际情况开发新产品，以满足企业资金需求，为银行获得更多发展空间。

3）寻找新的合作领域

总体来讲，台湾地区和北京的金融合作层次仍然处于较低水平。目前的两岸金融合作主要集中在银行领域,在保险和证券方面的合作较少。台湾地区保险业、证券业与北京的保险业、证券业的合作更少。ECFA提供了较好的合作机遇,但两地没有充分利用这个机遇。随着两地金融合作模式不断创新发展,保险业、证券业要充分利用合作机遇,寻找新的突破机会。

6.4 探索京台金融合作的新机遇

6.4.1 引导台资积极参与京津冀一体化

(1)充分把握台资在京津冀发展中的机遇,避免京台金融合作"脱实向虚",引导台资服务于实体经济。京台金融合作的宗旨是,服务于两地实体经济的发展,最终实现互利共赢,促进两地经济社会共同发展。当前,京津冀的大市场布局为台资提供了巨大的机遇。京津冀市场内,经济发展水平持续提高、科技力量加速集聚、消费水平持续增长,为台资提供了新的市场潜力和更大的市场空间。随着台商投资逐步从低端制造业转向高端制造业以及现代服务业,北京的服务业发展水平和广阔市场必然会吸引台资入驻;而那些投资于天津制造业的外资,可以充分利用天津已形成的良好的产业基础,较完整的上下游产业链和天津商贸物流区位优势构建的国际通道,在自由贸易实验区内形成产业集聚。台资企业完全可以充分利用天津自贸区优惠政策集聚地的优势、地理优势和制造业基础优势,北京的研发优势、服务业发达优势、国际交往中心优势,河北的劳动力、自然资源优势和华北地区潜在需求优势等,确定在京津冀地区发展的最佳战略。因此,应引导台资积极参与京津冀一体化建设,探索京台金融合作的新领域。

(2)引导台资共享京津冀的政策红利,加大对京津冀的产业投资力度,充分利用京津冀的政策优势。目前京津冀地区获得了很多国家政策支持:天津自贸区在外资管理、外贸管理、跨境电子平台、国际贸易投资便利化、金融创新等方面都可以享受到较好的优惠政策;北京市服务业扩大开放试点进一步放松了对相关领域的准入政策,并在不断简化外资管理措施,提高管理效率;河北在京津冀协同发展中也获得了不少商机和优惠政策。这些政策优势为台资提供了更多机会,也创造了更为良好的经营环境。

(3) 引导台资以京津冀为依托,投资或参股京津冀优势产业,深度融入实体经济领域,尤其是充分融入京津冀的重点投资产业领域。为优化京津冀三地产业链发展,可以重点引导台资投资或参股航空航天、新能源装备制造、智能终端、大数据、生物医药产业、汽车等区域优势产业链发展,引导台资融入京津冀产业转型升级发展进程中。

综上所述,京台金融合作的实质应以京台产业合作为基础,确保金融合作服务于实体经济领域,最终促进区域经济的共同发展。未来京台金融合作可以共同拓展"一带一路"沿线国家市场,共同助力于我国中西部经济发展和国家的产业结构转型。

6.4.2 引导台资金融积极融入"一带一路"

前述的分析表明,自 ECFA 签订到运行已取得诸多成效,并且仍有更加有利于两岸经贸关系的服务贸易领域议题等待商讨。但近年来台湾地区从政局转变方向以后,其一系列行为与政策导致两岸交流停摆,ECFA 后续议程停滞。在 ECFA 运行过程中已经完成的成果如何维护,后续议题如何继续进行,成为亟待解决的问题,而且这种接轨也是两岸深度合作的重要标志[64]。因此,深化京台金融合作的路径,需要在两岸合作交流的总指导原则之下,寻找 ECFA 成果维护与议题延续的新路径。即必须围绕自 ECFA 运行 6 年以来的主要特点来进行:ECFA 能够取得巨大成就的最主要原因在于它是在"一个中国"理念下的制度化、常态化合作框架。京台金融合作应遵循两岸经贸合作的指导原则,寻求切实可行的官方路径与民间路径，具体建议如下。

1）官方路径一

引导台资金融参与"一带一路"建设。2013年9月和10月，中国国家主席习近平在出访中亚和东南亚国家期间，先后提出共建"丝绸之路经济带"和"21世纪海上丝绸之路"的倡议，进而得到国际社会的高度关注。至2015年3月28日，国家发展改革委、外交部、商务部联合发布了《推动共建丝绸之路经济带和21世纪海上丝绸之路的愿景与行动》，其中明确提及，将充分利用海峡两岸经济区开放程度高、经济实力强、辐射带动作用大的优势，深化港澳台合作，并将为台湾地区参与"一带一路"建设作出妥善安排。"一带一路"与ECFA有一个共同的特点，就是具有制度化、常态化的一种保障作用[65]。而"一带一路"较ECFA在两岸经贸交流中更能突出的是台湾地区在"海上丝绸之路"的独特地缘优势与人文优势，这种优势不仅能够深化两岸经贸关系，更能提升台湾地区的区域影响力[66]。各种事实已说明，两岸经济的发展已经无法脱离区域发展而存在，"一带一路"是完善两岸交流并参与区域经济合作的顶层设计，是扩大两岸合作并提高两岸经贸区域影响力的平台[67]。在"一带一路"的构建中，绿色、智能、大数据等产业的发展与台湾地区的产业升级需求有着深度契合[68]。

自2010年以来，台资开始积极参与亚太地区经济合作，甚至希望大陆帮助其参与到一些区域协定组织中，大陆也表现出很大的诚意和善意。国家发展改革委、外交部和商务部联合发布的《推动共建丝绸之路经济带和21世纪海上丝绸之路的愿景与行动》中明确提出，为台湾地区参与"一带一路"建设作出妥善安排。虽然从地理位置上讲，台湾海峡是海上丝绸之路的必经通道，但台资在参与"一带一路"建设中仍面临着许多挑战。首先，台湾地区对"一带一路"沿线国家了解得较少，台湾地区与"一带一路"沿线国家之间基本没有建立正式的官方关系，对除东南亚和欧盟国家以外的沿线国家的语言、习俗的学习和研究几乎是空白的,这就增加了官方和非官方交流的困难。其次,台湾地区与"一带一路"沿线国家经济联系相对滞后,"一带一路"国家中,除中国大陆外,中国台湾地区只和新加坡、菲律宾、马来西亚和泰国有相对较为密切的联系,而与其他"一带一路"沿线国家的贸易联系极少。最后,台湾地区产业发展与"一带一路"国家之间经济发展需求的经济联系较弱,使台湾地区企业找不到有效切入点参与"一带一路"建设。因此,台湾地区需要借助与大陆的合作,参与到"一带一路"的建设中。在国内新一轮战略布局中,与台湾地区相邻的福建既是21世纪海上丝绸之路的核心区,也是中国自贸区之一,获得了许多优惠政策叠加,福建的海西经济区、平潭综合试验区主要针对与台资企业合作而设计,并提供了更多政策优势,为台资融入大陆建设,融入"一带一路"建设提供了充足的前提条件。

台湾地区不仅要利用自身地理位置优势进入海上丝绸之路,也可以利用投资京津冀地区融入陆地丝绸之路。天津是亚欧大陆桥东部起点,也是海上丝绸之路最北端的起点以及中蒙俄经济走廊的起点之一。京津冀地区为台商提供了极好的融入"一带一路"建设的机会。当前,北京作为"一带一路"向北开放的重要窗口和中蒙俄经济走廊的重要节点,北京的台商可以主动融入"一带一路"建设中,深度参与国家战略性重大基础设施项目建设,例如,北京—莫斯科欧亚高速运输走廊的大型基础设施建设等国际性大项目。

台资可以利用其比较优势,通过股权投资、合资等方式,与内地企业在品牌扩展、研发设计等优势产业,加强与"一带一路"沿线国家国际产能和装备制造合作,带动产品、服务、技术的全方位输出,同时带动关联产业在沿线国家协同布局。台资银行可以积极推动金融创新,在沿线国家和地区拓展服务网络。有一定竞争力的台商可以在医疗卫生合作、旅游合作等方面拓展"一带一路"国家市场。

2)官方路径二

引导台资金融参与亚洲基础设施投资银行(以下简称亚投行)。京台金融合作,可以相机抉择,进行合作路径的延续及拓展,延续制度化与常态化的合作路径,利用北京的大体量金融平台,可以引导台资金融参与更广阔的发展领域。以亚投行为例,目前已设立北京经济中心。京台金融合作,可以依托北京金融平台,将京台合作拓展并纳入亚投行更大的金融合作领域中,引导台湾地区金融业积极投入亚投行的项目建设。当前,亚投行已将永久性办公场所设立在北京。亚投行是全球首个由中国倡议设立的多边金融机构。共同筹建参与的国家总数达57家。经过四次"扩围",截至2018年5月,亚投行成员国总数已增扩至88个。亚投行秉承其投资的开放性和包容性,不仅与世界银行、亚洲开发银行联合融资,未来将与域外多边开发银行合作,重点支持领域包括亚洲各国可持续基础设施建设,跨境互联互通等,业务涉及贷款、股权投资以及提供担保等。其创立的意义是在全球化背景下,推动区域合作,促进亚洲经济体持续增长,更有助于提升应对未来金融危机和其他外部经济冲击的能力,从而为全球经济发展提供新动力。亚投行的成立将与现有各成员国的多边开发银行形成互补,发挥资本在国际金融中的力量。

另外,从金融合作更广泛的视角看,亚投行对两岸的金融关系转变将起到关键性的延续性作用。2010年两岸签署ECFA后,两岸金融合作逐步深化并取得一定成果。但由于当前两岸后续交流陷入停摆状态,ECFA的后续议题亦处于停滞状态,使得两岸必须重新考虑金融合作的新途径。而作为"一带一路"的金融支持,亚投行承担着区域金融多边合作的重要角色。未来两岸在参与亚投行问题上的协商谈判可为探索两岸经济合作与台湾地区参与区域经济合作相衔接问题提供实践经验[69]。而且,根据台湾地区竞争力论坛民调,台湾地区有62.3%的民众支持加入亚投行[70]。

引导台资加入亚投行还有利于帮助台湾地区金融业顺利拓展海外的市场领域。亚投行未来具有巨大的商机。金融危机后期,台湾地区经济呈现出一种"闷经济"的特征,其具体表现为低增长、出口疲软、消费投资低迷、民生困顿等。对于经济连年低迷的台湾地区而言,加入亚投行,可以使台湾地区金融通过相关基础建设产业参与亚洲地区的公共基础建设,与其他亚洲国家和地区建立良好互动模式,以此避免台湾地区进一步被边缘化的趋势,台湾地区金融业也可获得拓展海外版图的契机[71]。

6.5 完善京台金融合作的多重保障体系

6.5.1 鼓励更多台资进入

京津冀地区的大市场,既代表着机遇,也意味着挑战。从台资企业的自身特点来看,普遍经营规模较小,因此,应引导中小台资企业在进入京津冀市场之前,认真地进行市场调研,尤其是重点关注京津冀地区各自的产业发展定位以及城市功能定位,有目的地进行灵活性的投资选择,以此确定适合中小企业自身发展的市场定位。对于京台产业合作以及京津冀与台资的合作交流,应鼓励台资企业加强交流互动,通过各方面的综合论坛,给予台资企业正确的产业引导以及量身定制的产业政策优惠,尤其是引导台资企业以比较优势进入京津冀的大市场,参与市场竞争。

除此之外,基于京津冀的市场基础,借力京津冀扩大业务领域,可以引导台资企业拓展"一带一路"市场。以此为契机,深度参与新的国际市场的竞争。北京目前吸引的台资所占比重较小,且主要集中在零售业,这些台商规模小,因此,需要采取多重措施吸引更多台资进入,例如,加强与台资企业的合作宣传,以及有针对性地制定政策措施,吸引台资进入等。

6.5.2 人才保障体系

两地的合作需要大量的专业化人员,因此须从多方面获取专业人才。一个完善的人才体系,既需要顶尖的领军人物,也需要大批具备专业知识和脚踏实地肯干的基础员工。

1)进一步便利国外人员在北京的工作生活

与台资银行在中小企业融资、金融产品创新等业务领域相比,北京银行缺少一些在这些专业领域的领军人物,需要从国外引进这些专业化人才,同时台资企业或银行一般也会派一些企业高级管理人员负责在大陆的业务运营。因此,要采取措施,进一步为来大陆工作人员创造良好的工作和生活环境,吸引更多高端人士入京。首先,进一步简化国外人员入境手续,创造宽松的出入境环境,增加其境内外多次往返便利性,延长其入境居住工作时间;其次,解决好国外人员的医疗、居住、交通、孩子入学等后顾之忧;最后,进一步改善北京的空气质量和居住环境,为他们及其家人生活提供一个良好的生活环境,增强北京对国外人员的吸引力度。

2)加强专业化人才培养

金融人才和科技人才需要大量的专业化知识,京台两地企业可以通过多种方式获得专业化人才。首先,加强与北京各高等院校的联系,针对中小企业融资所需的专业化人才进行专门培养和定制,培养一批专业基础知识扎实的储备人才;其次,加强京台两地企业或银行业的合作,通过联合培养、员工交换等方式培养专业人才,帮助企业员工熟悉具体工作流程和业务内容,可以有针对性地开展工作;最后,京台金融机构可以设立业务培训联盟,多方面加强对员工的培训,邀请专家、有经验的员工对普通员工进行短期培训,帮助普通员工获得专业化金融知识。

3)制定恰当的人才激励机制

政府每年应通过多种方式,提供适当基金或激励措施,对为京台产业合作和金融合作作出杰出贡献之人给予适当的资金奖励,或者其他奖励措施,吸引或留住更多人才投身于京台合作之中。

4）鼓励创新人才的集聚

创新人才对一个产业的发展非常重要,而创新人才的集聚会进一步加强创新人才之间的交流和沟通,通过团队协同作战,创造出新的技术和管理模式,促进产业发展和合作。创新人才的集聚同样会带来企业间的密切联系,共同发展成为相互作用、相互影响的企业网络,促进整个产业发展。

6.5.3 资金保障体系

京台合作离不开适当的资金保障措施,主要有以下具体途径:政府应提供适度资金促进双边合作。为了支持企业创新,政府可以提供专项资金,用于支持引进台资新兴业态,支持台企科技创新、品牌经营、支持创建台资产业园区和科技园区。在政府融资专项资金中,开辟出支持台资融资的专项资金,推广台资企业联保贷款及知识产权、土地经营权等抵质押贷款。鼓励台资企业与高等院校联合培养本地专用人才,台资引进的高端人才,享受相关政策。同时,创新市场拓展支持,为企业提供更为广泛的发展空间,支持台资企业在京举办各类展会、推介会等,鼓励北京企业到台湾地区和国外参加各种展会,寻找更多合作机会,也可以为台资发展提供适度资金支持。

6.5.4 为两地青年合作提供保障体系

近年来,京台两地青年合作和交流更为广泛,青年人代表着两地的未来,如果两地青年能够更好地理解对方,则有利于将来大陆和台湾地区的和平发展和将来的携手同行。因此,京台两地要提供更多平台,打造青年创业就业基地、台湾创业园等,对于青年集聚度较高的创业园,北京可以率先加强各类创业平台的承载能力和配套功能,设立专项资金鼓励企业、高校等与台湾地区的高等教育机构及研究所共同设立研发机构,进行创业园科技研发项目攻关等。

为了吸引更多台湾地区青年到北京创新创业,北京也可以制定一些特殊优惠政策,可以对进驻新一代信息技术、生物医药、高端装备制造、节能环保、新能源、新材料、文化创意等产业领域的青年创业企业,给予一定的支持和服务支撑,提供入驻运营资本,房屋装修、租赁、运营补贴等,以及一定的启动资金,还可以对获奖企业和个人给予奖励和补贴,提供参展补贴等。

6.5.5 加强监管协同

在当前全球金融业强调加强监管、注重金融服务实体经济的趋势下,京台两地金融业也应在监管方面深化合作,积极推动两地金融监管的协同性。2010年年初签署的《两岸金融监管合作谅解备忘录》,为两岸互相进入对方金融市场铺平了道路,也为两岸监管机构建立了制度性对话机制。台资银行在大陆设立了较多分行,但分行主要由总行监管,可能会导致风险识别和控制的难度加大。因此,在不断推进京台两地金融合作的同时,应进一步加强两地监管协同合作,减少金融风险,促进京台金融合作可持续地发展。

附录1　北京台资企业调查问卷

尊敬的企业方：

  感谢贵企业参加我们的调查活动。此问卷作为"ECFA背景下京台金融合作模式研究"课题的研究资料使用，不对外公开，感谢支持。

填写说明： 请在_____或表格上填写文字、数据，或在括号内填写相应选项，如无特殊说明，每一问题均为单项选择。

1. 贵企业的主营业务属于下列哪一产业类别（　　）。
   ① 制造业　　　　② 商业零售业　　　③ 食品科技业
   ④ 传媒业　　　　⑤ 金融业　　　　　⑥ 现代农业
   ⑦ 其他_____

2. 贵企业的主营业务属于下列哪一类型（　　）。
   ① 研发　　　　　② 制造　　　　　　③ 销售
   ④ 整合　　　　　⑤ 代工　　　　　　⑥ 其他_____

3. 贵企业目前自有资金构成情况为（　　）。
   ① 台资母公司投资的全资子公司
   ② 个人名义来京投资的独资企业
   ③ 台资主导的合资企业
   ④ 陆资主导的合资企业

⑤ 台资公司在京设立的办事处、代表处

⑥ 其他＿＿＿＿＿＿＿＿＿＿＿＿＿＿＿＿＿＿＿＿＿＿＿＿

4. 贵企业在京发展期间,自有资金构成情况发生的变化是(　　)。

① 没有变化

② 由台资主导,已变为陆资主导

③ 台资比例下降,但仍为台资主导

④ 由陆资主导,已变为台资主导

⑤ 陆资比例下降,但仍为陆资主导

⑥ 其他＿＿＿＿＿＿＿＿＿＿＿＿＿＿＿＿＿＿＿＿＿＿＿＿

5. 贵企业进驻北京的时间为(　　)。

① 10 年以上　　　② 5～10 年　　　③ 5 年以内

6. 贵企业的规模为(　　)。

① 小微企业(30 人以下)

② 小型企业(100 人以下)

③ 中型企业(100 人以上)

7. 贵企业 2014 年的营业收入为(　　)。

① 500 万元以内

② 500 万(含)～1 000 万元

③ 1 000 万(含)～3 000 万元

④ 3 000 万(含)～5 000 万元

⑤ 5 000 万元(含)以上

8. 贵企业 2014 年年底的总资产为(　　)。

① 100 万元以内

② 100 万(含)～300 万元

③ 300 万(含)～500 万元

④ 500 万(含)～1 000 万元

⑤ 1 000 万元(含)以上

9. 贵企业2014年年底的负债总额为( )。

① 50万元以内

② 50万(含)～100万元

③ 100万(含)～300万元

④ 300万(含)～500万元

⑤ 500万(含)～1 000万元

⑥ 1 000万元(含)以上

10. 贵企业2014年的净利润为( )。

① 50万元以内

② 50万～100万元

③ 100万(含)～200万元

④ 200万(含)～500万元

⑤ 500万(含)～1 000万元

⑥ 1 000万元(含)以上

11. 贵企业2014年年底的资金来源构成占比情况：

① 发起人资金占自有资金总额的比例为_____%。

② 股权融资资金占自有资金总额的比例为_____%。

③ 银行借贷占负债资金总额的比例为_____%。

④ 民间借贷占负债资金总额的比例为_____%。

⑤ 企业债券占负债资金总额的比例为_____%。

⑥ 其他来源占负债资金总额的比例为_____%，来源途径为_____。

12. 贵企业来京发展最主要的原因是( )。

① 台湾地区市场有限,本企业业务或产品在台已趋于饱和

② 本企业业务或产品在台并未饱和,提前筹谋北京更大的市场发展空间

③ 台湾地区可支持本企业发展的资金有限

④ 北京地区人才优势的吸引

⑤ 与北京的企业发生了业务合作

⑥ 等待中国开放金融证券行业

⑦ 其他_____

13. 贵企业在京发展遇到的最大障碍或问题是(　　)。

    ① 主营业务不符合北京地区的市场需求

    ② 不了解在北京发展的相关政策、法律、法规

    ③ 难以获得来自台湾地区的资金支持

    ④ 难以获得来自北京地区的资金支持

    ⑤ 缺少北京地区的业务合作伙伴

    ⑥ 北京地区企业的信用状况较差

    ⑦ 北京地区的经营成本过高(地租、人工等)

    ⑧ 人才培养不易

    ⑨ 其他_____

14. 对于贵企业所处的行业来看,北京地区的相关产业/行业政策存在最为突出的问题是(　　)。

    ① 产业政策导向不明

    ② 缺乏统一的行业标准,市场混乱

    ③ 有统一的行业标准,但制订得不合理

    ④ 进入门槛过高、限制过多

    ⑤ 其他_____

15. 贵企业认为是否有必要设立北京市台资企业园,对园区整体制定专门的扶持政策(　　)。

    ① 有　　　　　　　　　　　　② 没有

16. 贵企业对北京的台资企业能够享受到的优惠政策是(　　)。

    ① 非常清楚　　　　　　　　　② 比较清楚

    ③ 一般了解　　　　　　　　　④ 不太了解

⑤ 完全不了解

17. 贵企业最需要的金融支持为(按需求程度由强到弱排序)(　　)。

　　① 找到融资途径　　　　　　　② 找到投资途径

　　③ 便捷的金融服务　　　　　　④ 综合的金融服务

　　⑤ 其他_____

18. 当前贵企业希望获得的资金支持渠道为(按需求程度由强到弱排序)(　　)。

　　① 发行股票　　② 发行债券　　③ 民间私募、风投

　　④ 台资银行借贷　⑤ 中资银行借贷　⑥ 其他_____

19. 贵企业目前的发展是否面临融资困难(　　)。

　　① 是(回答20题和21题)

　　② 否(跳过20题和21题)

20. 贵企业目前融资困难主要体现在(　　)。

　　① 股权融资难　　　　　　　　② 发行债券难

　　③ 银行批贷难　　　　　　　　④ 其他_____

21. 造成贵企业目前融资困难最主要的原因是(　　)。

　　① 企业规模小　　　　　　　　② 缺少信用记录

　　③ 缺少抵押物或保证人　　　　④ 其他_____

22. 贵企业与大陆金融机构合作时存在的突出问题是(按程度由强到弱排序)(　　)。

　　① 金融服务效率低　　　　　　② 融资成本高

　　③ 金融服务项目少　　　　　　④ 对大陆金融政策不了解

　　⑤ 其他_____

23. 贵企业对现有台资金融服务有什么其他意见建议(请用文字说明)：

_____

24. 贵企业获得过的政府资助是(　　)。

　　① 政策拨款或补贴

② 协助企业与金融机构打交道
③ 法律保护
④ 其他_____

附录2 "北京台资企业调查问卷"的统计分析

此次调研经第三方咨询机构和台盟服务处,共计发放问卷350份,回收率47%。主要原因在于:京台两地"不明朗的政策因素",台资企业言论谨慎,尤其是对公开自身的经营情况较为保守。就回收的问卷统计结果如下。

1. 问卷所涉及的台资企业类型

问卷所涉及的台资企业类型,包括:制造业、商业零售业、食品科技业、传媒业、金融业、现代农业。按企业类型归类,被调查的台资企业类型中,现代服务业(零售、传媒、金融)占比62.5%,制造业占比12.5%,科技(食品科技、现代农业)占比25%,如图1所示。

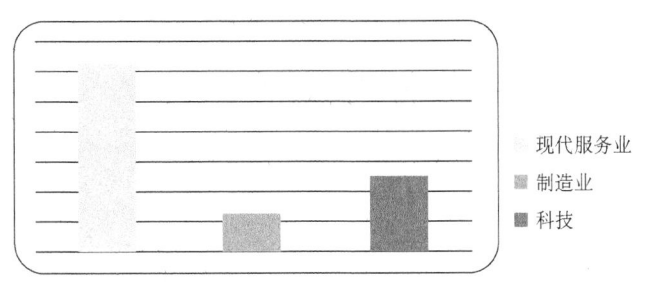

图1 台资企业的类型

2. 台资企业的主营业务

主营制造类业务的企业占比25%,主营销售类业务的企业占比

25%,主营整合类业务的企业占比 12.5%,主营其他类业务的企业占比 37.5%,如图 2 所示。

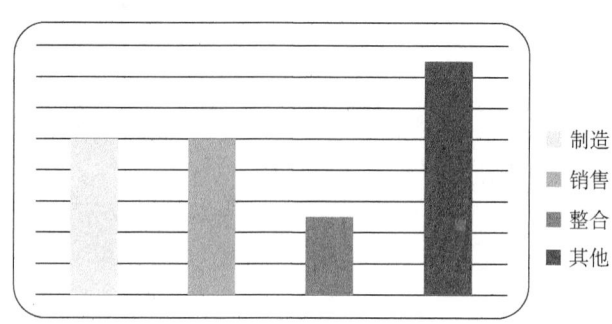

图 2　台资企业的主营业务

3. 目前台资企业自有资金构成

涵盖:台资全资子公司(台资母公司)、台资个人独资企业、台资主导的合资企业、陆资主导的合资企业,如图 3 所示。

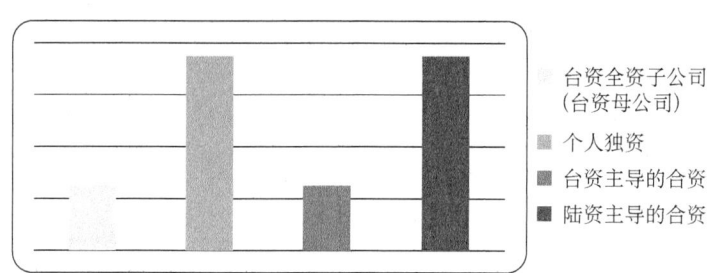

图 3　台资企业自有资金构成

4. 台资企业在京发展期间,自有资金构成变化

自有资金构成没有变化的企业占比 62.5%;由台资主导变为陆资主导的企业占比 12.5%;由陆资主导变为台资主导的企业占比 12.5%;台资比例下降(仍主导)的企业占比 12.5%,如图 4 所示。

5. 台资企业进驻北京的时间

进驻时间在 10 年以上的企业占比 37.5%;5~10 年的企业占比 37.5%;5 年以内的企业占比 25%,如图 5 所示。

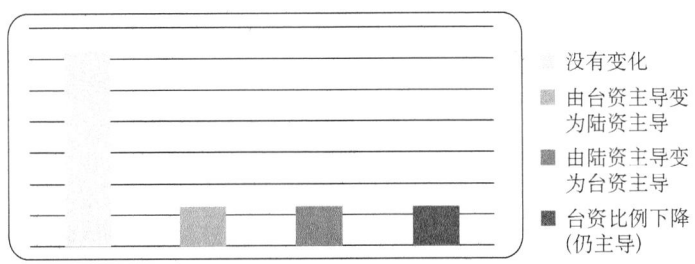

图 4 台资企业在京期间自有资金构成变化

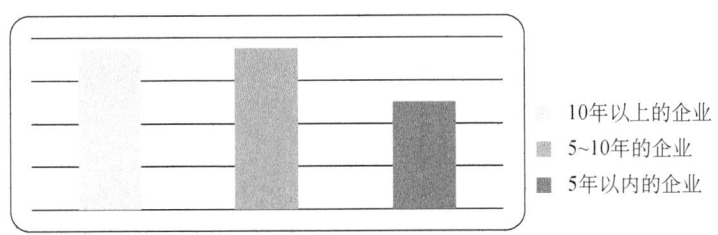

图 5 台资企业进驻北京的时间

6. 所调查的台资企业规模

小微企业(30人以下)占比62.5%;小型企业(100人以下)占比25%;其他企业占比12.5%,如图6所示。

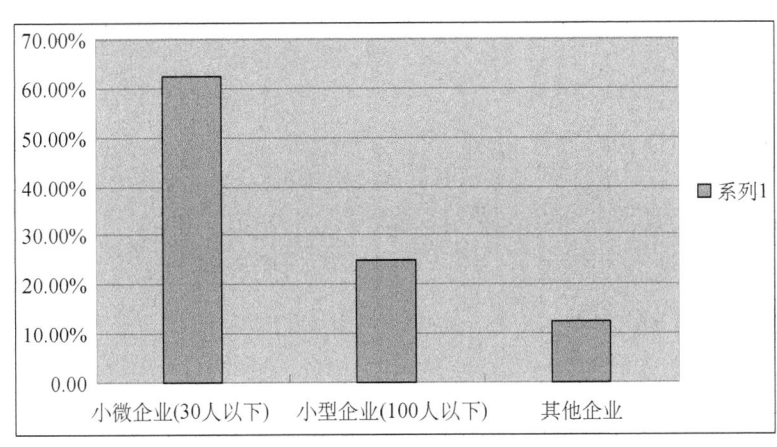

图 6 所调查的台资企业规模

7. 台资企业在2014年的营业收入

2014年营业收入为500万元以内的企业(3家)占比37.5%;

500万~1 000万元的企业(2家)占比25%;1 000万~3 000万元的企业(1家)占比12.5%;5 000万元以上的企业(1家)占比12.5%,如图7所示。

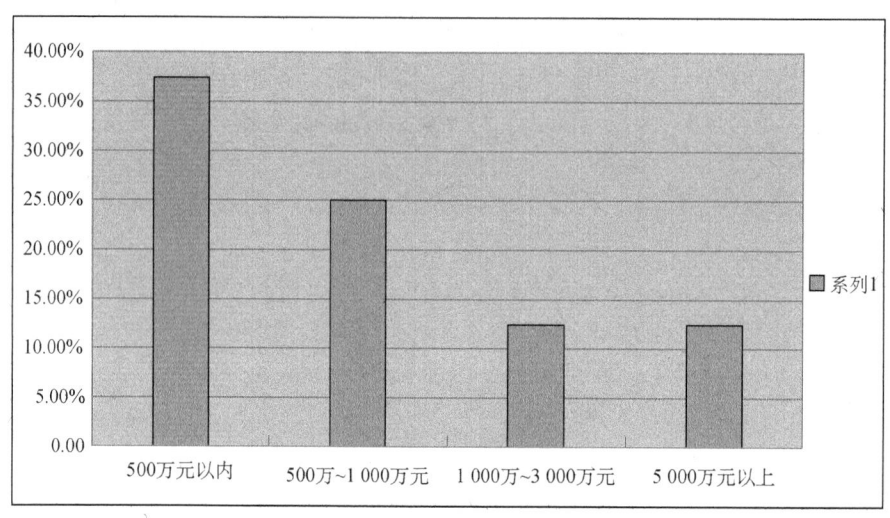

图7 台资企业2014年的营业收入

8. 台资企业2014年年底的总资产

2014年年底总资产为100万元以内的企业占比12.5%;100万~300万元的企业占比37.5%;300万~500万元的企业占比12.5%;500万~1 000万元的企业占比12.5%;1 000万元以上的企业占比12.5%,如图8所示。

9. 台资企业2014年年底的负债总额

2014年年底负债总额为50万元以内的企业占比62.5%。其他企业(空白未选)。

10. 台资企业2014年年底的净利润

2014年年底净利润为50万元以内的企业占比12.5%;50万~100万元的企业占比25%;100万~200万元的企业占比12.5%;200万~500万元的企业占比12.5%;500万~1 000万元的企业占比12.5%;1 000万元以上的企业占比12.5%,如图9所示。

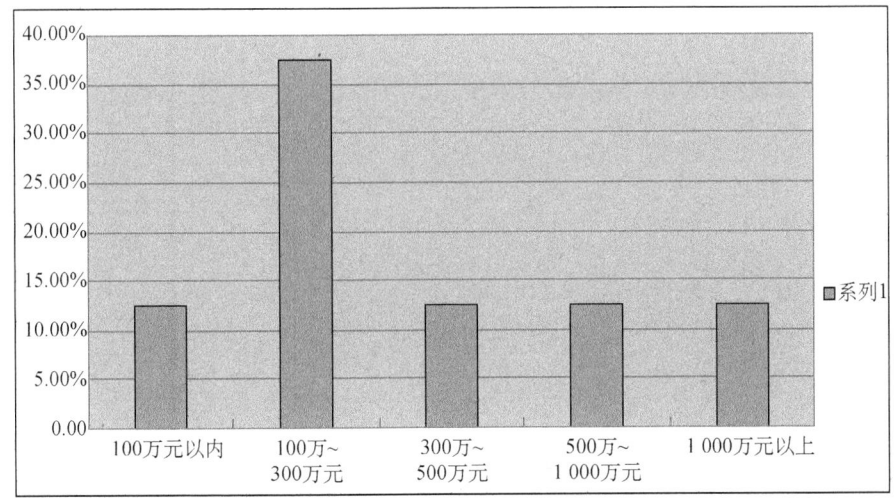

图8 台资企业2014年年底的总资产

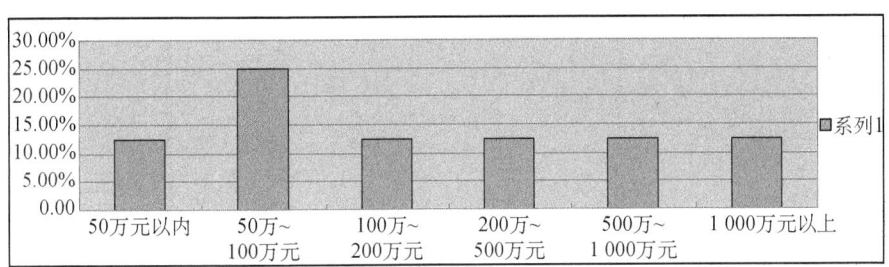

图9 台资企业2014年年底的净利润

11. 台资企业2014年年底的资金来源自有构成情况

发起人资金占自有资金总额比例为100%的企业占比75%;发起人资金占自有资金总额比例为50%的企业占比12.5%;发起人资金占自有资金总额比例为30%的企业占比12.5%;股权融资资金占自有资金总额的比例为100%的企业占比仅为12.5%,如图10所示。

12. 企业来京发展的主要原因

业务或产品在台已饱和的企业占比12.5%;虽未饱和,提前谋求北京更大的市场空间的企业占比12.5%;与北京的企业发生了业务合作的企业占比62.5%;等待中国开放金融证券行业的企业占比12.5%。

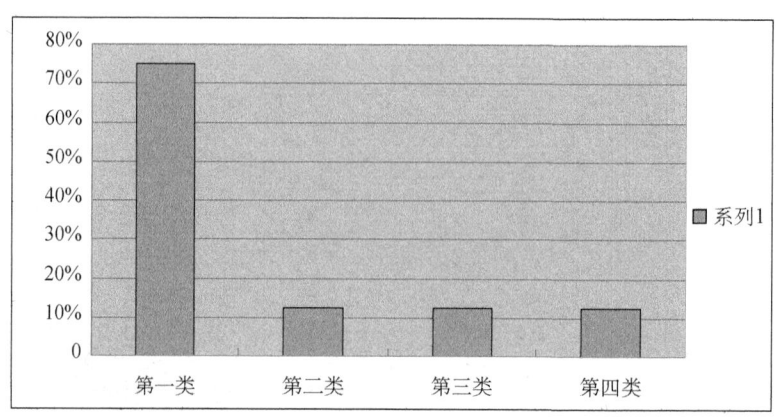

备注：
第一类：发起人资金占自有资金总额比例为100%的企业。
第二类：发起人资金占自有资金总额比例为50%的企业。
第三类：发起人资金占自有资金总额比例为30%的企业。
第四类：股权融资资金占自有资金总额的比例为100%的企业。

图10　企业2014年底的资金来源有构成情况

13. 企业在京发展遇到的最大障碍或问题

　　不了解在北京发展的相关政策、法律、法规的企业占比25%；难以获得北京地区的资金支持的企业占比12.5%；认为北京的经营成本过高的企业占比37.5%；认为人才培养不易的企业占比12.5%。

14. 对于企业所处的行业来看，北京相关产业行业政策存在的最突出问题

　　缺乏统一的行业标准，市场混乱占比37.5%；有统一的行业标准，但制订得不合理占比25%；进入门槛过高，限制过多占比12.5%；北京的进口制度问题占比12.5%；目前证券市场不开放占比12.5%。

15. 认为是否有必要设立北京市台资企业园，并对园区整体制定专门的扶持政策

　　认为有必要的企业占比75%；认为没有必要的企业占比12.5%。

16. 企业对北京的台资企业能够享受到的优惠政策是否了解

　　一般了解的企业占比50%；不太了解的企业占比25%；比较清

楚的企业占比 12.5%；非常清楚的企业占比 12.5%。

17. 企业最需要的金融支持

需要便捷的金融服务的企业占比 25%；需要综合的金融服务的企业占比 25%；需要找到投资途径的企业占比 37.5%；需要找到融资途径的企业占比 12.5%；不需要金融支持的企业占比 12.5%。

18. 企业希望获得的资金支持渠道

希望利用自有资金的企业占比 37.5%；希望台资银行借贷的企业占比 25%；希望中资银行借贷的企业占比 25%；希望发行股票的企业占比 12.5%；希望民间私募、风投的企业占比 12.5%。

19. 企业目前的发展是否面临融资困难

回答"是"的企业占比 25%；回答"否"的企业占比 50%。

20. 企业目前的融资困难

面临银行批贷难的企业占比 25%；面临其他困难的企业占比 12.5%。其他企业空白未选。

21. 造成企业融资困难的原因

企业规模小占比 25%；其他企业空白未选。

22. 企业与大陆金融机构合作时存在的突出问题

认为金融服务效率低的企业占比 75%；认为金融服务项目少的企业占比 25%；对大陆金融政策不了解的企业占比 12.5%；无合作的企业占比 12.5%。

23. 对现有台资金融服务的其他意见

25%的企业认为应加强金融自由化；12.5%的企业对现有服务表示满意；普遍认同的观点是：尽快开放证券业务，推动台资证券业的发展。

24. 企业获得过的政府帮助

没有获得过政府帮助的企业占比 62.5%；获得过政策拨款或补贴的企业占比 12.5%。

问卷结果总结如表1所示。

表1　问卷结果总结

序号	目录	内容
1	企业类型	进京的台资企业以中小企业为主。企业类型主要为现代服务业。服务业是轻资产的行业,可以用于抵押的资产极为有限,因此,很难从正规渠道获得银行的低成本资金来源。
2	市场开放	台资企业希望能尽早开放国内的市场,尤其是金融服务、资本市场。
3	融资问题	目前在北京的台资企业大部分都是从台湾地区的总部获得资金,还没有形成北京本地的融资渠道,缺乏北京本地的金融支持;由于融资比例较低,因此负债也较少。
4	金融服务	台资企业希望得到便捷化、综合化的金融服务。同时台资资本也希望在北京可以有更为广阔的投资渠道。
5	经营现状	台资企业普遍以自有资金进行营运,融资比例较低,利润水平也较低,充分体现了外资中小企业的特点。
6	经营问题	台资企业在北京运营的成本过高,不了解北京相关的法律、法规。台资企业普遍认为,北京的金融服务效率较低。
7	进京动机	主要是台资企业的业务与北京本地的企业发生了业务合作。
8	政策支持	仅有一小部分企业获得过北京政府层面的资助。大部分的企业处于市场化的生存状态,没有获得过政府资助。大部分企业希望设立北京台资企业产业园。

附录3　互联网文档资源

(1) http://www.docin.com
《海峡两岸经济合作框架协议及货物贸易早期收获产品清单及降税安排》2012

(2) http://www.360doc.com
《海峡两岸经济合作框架协议(ECFA)》2015

(3) https://wenku.baidu.com
"海峡两岸经济合作框架协议(ECFA)争端解决机制研究"2012

(4) http://www.xinhuanet.com
"两岸保险业合作继续深化　台资在大陆稳定成长"2015

(5) http://zhengwu.beijing
《北京市国民经济和社会发展第十三个五年规划纲要》2016

(6) http://wenku.baidu.com
《北京市政府补贴优惠政策目录》2016

(7) http://zhengwu.beijing
"北京市人民政府关于印发《〈中国制造〉2025北京行动纲要》的通知"2015
《国务院关于北京市服务业扩大开放综合试点总体方案的批复》2015

（8） https：//www.ishiju.com/

"对比：北京跟自贸区的服务业开放试点到底有什么异同"2015

（9） business.sohu.com

"京沪服务业扩大开放比拼　中关村股权众筹融资试点将落地"2015

（10） www.beijing.gov.cn

"构建开放型经济新体制　推进北京服务业扩大开放"2015

"从限制到开放　外商银行进京将提速"2015

"北京放宽11项服务业限制　更多外资银行将进京"2015

（11） http：//www.taiwan.com

"两岸保险监理合作平台第三次会议达成三项共识"2015

（12） http：//www.caam.org

《国务院关于北京市服务业扩大开放综合试点总体方案的批复》2015

（13） http：//news.youth.cn

"中国构建开放型经济新体制　推进北京服务业扩大开放"2015

参 考 文 献

[1] 陈晓红,宋玉祥.基于经济地域运动理论的城乡一体化研究[EB/OL].(2013-06-13)[2018-09-01]https://wenku.baidu.com/view/5b346f44f01dc281e43af006.html.

[2] 张凤超.金融地域运动视角下的粤澳金融深度合作——基于珠海横琴自贸区的思考[J].华南师范大学学报:社会科学版,2015(6):115-122+19.

[3] 陈耀,连远强.战略联盟研究的理论回顾与展望[J].南京社会科学,2014(11):24-31.

[4] 孙兆慧.ECFA框架下京台经贸合作前景分析[J].国际经济合作,2011(5):27-29.

[5] 张萍香,邓美珍.后ECFA时期深化闽台金融合作的新路径[J].台湾农业探索,2013(5):26-29.

[6] 唐礼智.金融竞争力、辐射力与海峡两岸区域性金融中心构建[J].福建论坛,2014(4):131-135.

[7] 王劭佑,乔桂明.海峡两岸金融合作与经济发展的实证分析[J].财经问题研究,2012(1):53-59.

[8] 潘青松.台资企业融资困境与加强两岸金融合作[J].福建金融,2013(7):44-46.

[9] 李刚,白玮炜,等.两岸金融合作与产业结构优化[J].山西经济管理干部学院学报,2014(2):59-62.

[10] 王建民.台湾强化陆资管制不利两岸经济合作[J].今日中国:中文版,2014(8):60.

[11] 李沃墙.两岸金融合作的发展历程与展望[J].区域经济评论,2014(2):122-127.

[12] 郭春松.海峡两岸金融合作发展研究[J].中国市场,2014(6):49-56.

[13] 陈钦.推进两岸金融一体化合作战略构想[J].内蒙古财经大学学报,2017(8):21-25.

[14] 庄宗明,吴卫峰.ECFA背景下两岸证券市场合作的溢出效应与合作障碍[J].亚太经济,2011(3):135-140.

[15] 冯之浚.海峡西岸的"五缘"优势(望海楼)[N].人民日报:海外,2006-06-27(1).

[16] 李鸿阶,黄速建,叶振宇,等.两岸综合实验区发展模式与路径选择[J].中国工业经济,2012(4):5-17.

[17] 李乐,周林毅.自贸区闽台合作视角下的福建互联网金融发展[J].金融财税,2018(4):43-47.

[18] 李民,谢丽彬.ECFA视角下闽台金融合作的探讨[J].金融财税,2011(9):83-84.

[19] 谢八妹.后ECFA时期闽台金融合作的机遇挑战与路径[J].长春大学学报,2012(5):533-537.

[20] 陈小梅.后ECFA时期深化闽台金融合作的路径探析[J].科技和产业,2011(10):28-31.

[21] 张萍香.后ECFA时期深化闽台金融合作的新路径[J].台湾农业探索,2013(5):26-29.

[22] 郑甘澍,武力超.后ECFA时代闽台产业合作的政策选择[J].南京审计学院学报,2015(1):3-12.

[23] 黄志圣.后ECFA时代深化闽台金融合作的创新对策研究[J].科技经济市场,2017(12):99-101.

[24] 郑小玲.后金融危机时代两岸试行闽台合作私募股权基金初探[J].闽江学院学报,2017(4):53-61.

[25] 王鹏.粤台经济合作的金融支持体系研究[J].福建师范大学学报,2009(6):9-14.

[26] 张文兵,庞弘燊.深化粤台金融合作的对策研究[J].海峡科技与产业,2013(9):70-73.

[27] 蔡红波.粤台金融合作的模式和策略[J].嘉应学院学报,2013(10):9-13.

[28] 陈馥.海峡西岸经济区开发背景下深化粤东对台金融合作的思考[J].区域金融研究,2018(3):32-37.

[29] 张家寿.桂台金融合作与北部湾开放开发[J].区域经济,2009(1):226-227.

[30] 陈婷婷,李达娟.浅析桂台金融合作发展方向:以闽台金融合作为启示[J].才智,2013(12):8-9.

[31] 黄志勇.中国—东盟自由贸易区升级版背景下桂台金融合作展望[J].东南亚纵横,2014(3):46-52.

[32] 磨现洲.桂台金融合作的驱动因素及领域选择[J].区域金融研究,2015(1):241-45.

[33] 曹薛李."一带一路"战略对桂台经贸合作的影响及其促进策略研究[D].桂林:广西师范大学,2016.

[34] 李春妮.新形势下桂台金融合作发展对策研究[J].时代金融,2017(12):28-29.

[35] 李冰.促进津台共赢发展携手应对金融危机[J].天津市社会主义学院学报,2009(9):31-34.

[36] 台盟天津市委员会,天津市台联.关于津台两地金融合作的问题和建议[J].建言献策,2009(12):24-25.

[37] 民革天津市委员会.加快两岸金融创新促进津台金融合作共赢[J].调查研究,2011(11):5-7.

[38] 罗琼津.台物流金融合作的模式选择与对策建议[J].中国商论,2015(7):93-94+107.

[39] 范越龙.台湾银行业登陆浙江的SWOT分析及其模式选择[J].海南金融,2012(3):32-34.

[40] 章和杰.台湾金融业赴大陆投资的优劣势分析[J].台湾研究,2010(1):18-24.

[41] 孙桂生,马俊红.基于物联网的京台金融服务交流合作研究[J].经济研究导刊,

2013(34):135-136.

[42] 孙桂生,马俊红.京台金融服务业比较研究[J].经营管理者,2014(1):147-148.

[43] 韩棕林.京台对话资本市场合作求双赢[N].北京商报,2014-04-21(C03).

[44] 何勤,刘雅熙.京津冀协同发展背景下的科技创新人才流动研究[J].北京联合大学学报:自然科学版,2015(2):83-87.

[45] 张冠华.全球经济变局与经济一体化[J].台湾研究,2014(2):1-10.

[46] 宋淑玉.功能和社会意义视野下的两岸文化交流[J].北京联合大学学报:人文社会科学版,2014(4):43-47+53.

[47] 马根.2 265家台资企业在津落户 合同投资额156亿美元[EB/OL].(2015-07-03)[2018-09-01]http://www.tianjinwe.com/tianjin/ms/qjtj/201507/t20150703_856679.html.

[48] 张文兵,庞弘燊.深化粤台金融合作的对策研究[J].海峡科技与产业,2013(9):70-73.

[49] 吴凤娇."政经互动"思维下两岸经贸关系深化发展的策略研究[J].现代台湾研究,2014(12):110-116.

[50] 吴利军,张英博.我国产融结合现状及未来发展的有关思考[J].经济社会体制比较,2012(9):159-168.

[51] 高杨.新常态下产融结合促进经济社会发展的路径探究[J].现代经济信息,2016(12):17+19.

[52] 项国鹏,张旭.基于SFA的企业产融结合效率及影响因素的实证研究[J].科学学与科学技术管理,2013(9):149-158.

[53] 姚德权,王帅.产融结合型上市公司运营效率评价的实证研究[J].中国软科学,2011(3):140-148.

[54] 徐瑛,陈秀山.中国技术进步贡献率的度量与分解[J].经济研究,2006(8):93-103+128.

[55] 程毛林.基于生产函数的我国经济增长预测模型[J].统计与决策,2010(10):34-36.

[56] 万良勇,廖明情,胡璟.产融结合与企业融资约束:基于上市公司参股银行的实

证研究[J].南开管理评论,2015(4):64-72+91.

[57] 黄小满.福建自贸区背景下加强两岸服务贸易合作的思考[J].海峡科学,2015(5):26-28.

[58] 全毅.两岸ECFA协议实施成效检讨及其后续发展探讨[J].和平与发展,2016(4):86-101+118-119.

[59] 国台办.第八届海峡论坛在厦门举行[N].人民日报,2016-6-13(01).

[60] 中新网.第八届海峡论坛[EB/OL].[2015-06-11]http://www.chinanews.com/tw/2016/06-11/7900686.shtml.

[61] 台海网."中国进行式"民调报告[EB/OL].[2015-03-29]http://www.chinanews.com/tw/2015/03-29/7167133.shtml.

[62] 王玥娟.关于厦金区域合作的研究:第二届两岸区域合作论坛学术观点综述[J].特区经济,2014(3):11-15.

[63] 黄志勇,颜洁.中国—东盟自由贸易区升级版背景下桂台金融合作展望[J].东南亚纵横,2014(3):46-52.

[64] 张冠华.两岸产业合作的回顾与前瞻[J].北京联合大学学报:人文社会科学版,2013(4):84-90.

[65] 曹小衡."一带一路"视角下深化两岸经济合作的机遇与挑战[J].台湾研究,2015(8):36-42.

[66] 李义虎."一带一路"与台湾[J].北京大学学报:哲社版,2015(11):125-131.

[67] 周忠菲."一带一路"战略与两岸经贸合作[J].现代台湾研究,2015(8):31-36.

[68] 张煜.CAFTA、ECFA及"一带一路"背景下桂台经贸文化融合发展与创新研究[J].中外企业家,2014(12):250-060.

[69] 王义伟.亚投行助力两岸经济合作[N].中华工商时报,2015-4-28(03).

[70] 李义虎."一带一路"与台湾[EB/OL].[2018-01-15]http://www.360doc.com/content/16/0603/10/33826975_564847690.shtml.

[71] 李樑坚.台湾加入亚投行之挑战及对两岸关系的影响[J].台海研究,2016(3):27-33.